Beate Blahy und Martin Flade · Weltnaturerbe Grumsin

Rangsdorf
Natur+Text

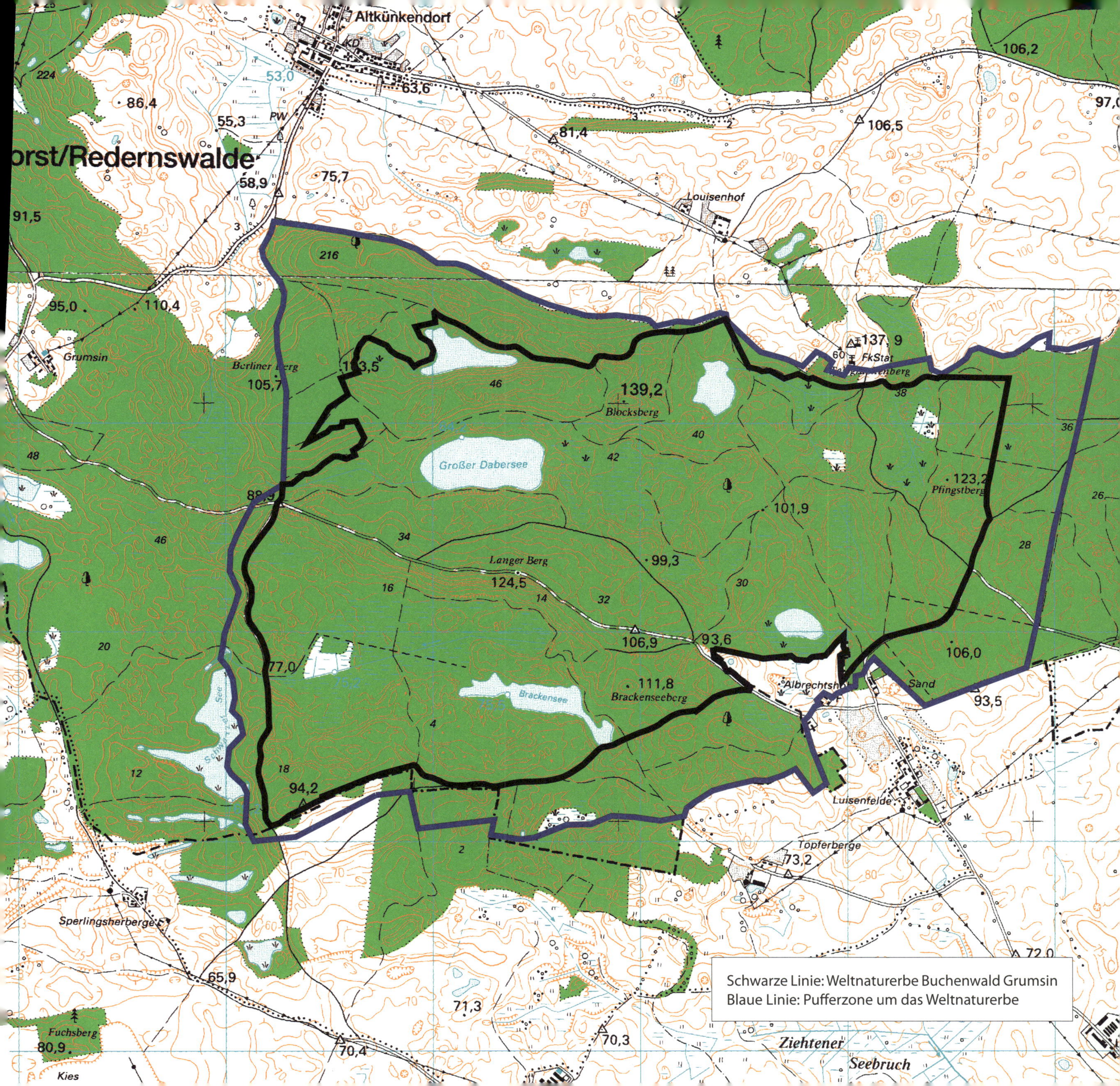
Schwarze Linie: Weltnaturerbe Buchenwald Grumsin
Blaue Linie: Pufferzone um das Weltnaturerbe
Altkünkendorf
orst/Redernswalde
Grumsin
Louisenhof
Großer Dabersee
Blocksberg
Langer Berg
Brackensee
Brackenseeberg
Pfingstberg
Albrechtshof
Luisenfelde
Töpferberge
Sperlingsherberge
Fuchsberg
Ziehtener
Seebruch
Berliner Berg
Sand
Kies

Beate Blahy und Martin Flade
(Landesamt für Umwelt Brandenburg)

unter Mitarbeit von H. Begehold, A. Fuß, U. Graumann, E. Henne, M. Herrmann, P. L. Ibisch, B. Klenk, M. Lüderitz, R. Mauersberger, G. Möller, K. Pape, T. Schmitt, R. Schulz, S. Stephan, M. Waldherr, H. Wiedenhöft, S. Winter und M. Wulf

Grumsin – Weltnaturerbe im Biosphärenreservat Schorfheide-Chorin

Mit freundlicher Unterstützung durch

Ursula-Merz-Stiftung

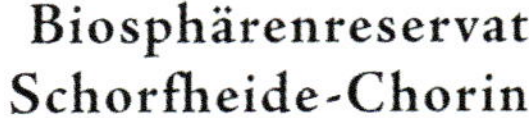

Bibliographische Information der Deutschen Nationalbibliothek
Die Deutsche Nationalbibliothek verzeichnet diese Publikation in der Deutschen Nationalbibliographie; detaillierte bibliographische Daten sind im Internet über https://dnb.d-nb.de abrufbar.

Alte Buchenwälder Deutschlands Band 3
Grumsin – Weltnaturerbe im Biosphärenreservat Schorfheide-Chorin
Beate Blahy und Martin Flade (Landesamt für Umwelt Brandenburg)
Rangsdorf: Natur+Text 2017; 168 S.; 24 x 22 cm
ISBN 978-3-942062-20-6

Friedensallee 21, D-15834 Rangsdorf, Tel. 033708 / 20431
verlag@naturundtext.de; www.naturundtext.de
Layout und Satz: Birgit Cirksena · Satzfein, Berlin
Gesetzt aus der Myriad Pro
Druck und Bindung: Westermann Druck Zwickau GmbH
Gedruckt auf Profisilk 150 g

ISBN 978-3-942062-20-6

Inhaltsverzeichnis

9 Zum Geleit

10 Grußworte

13 Weltnaturerbe „Buchenurwälder der Karpaten und alte Buchenwälder Deutschlands“ Martin Flade
18 Ein Weltnaturerbegebiet wird zu einem einzigartigen gesamteuropäischen Vorhaben Pierre L. Ibisch und Marcus Waldherr

23 Das Biosphärenreservat Schorfheide-Chorin Beate Blahy
25 Eiszeitliche Landschaftsentstehung
29 Kies, Sand, Ton und Steine
32 Land voller Leben
34 Wasser und Wald

39 Der Grumsin als Beispiel einer südbaltischen Jungmoränen-Buchenwaldlandschaft Martin Flade
39 Annäherung an den Grumsin Martin Flade
43 Ein Blick in die Kernzone des Weltnaturerbes Martin Flade
46 Das Besondere des Buchenwaldes Grumsin Martin Flade
48 Auf dem Weg vom Wirtschaftswald zum sekundären Urwald Martin Flade
49 Seen und Moore Heike Wiedenhöft
56 Der Grumsin als historisch alter Wald Monika Wulf
60 Walddynamik und Waldentwicklungsphasen Heike Begehold

67 Der Grumsin als Forschungsstandort Susanne Winter und Martin Flade
67 Die Erforschung der Entwicklung vom Wirtschaftswald zum sekundären Urwald Susanne Winter und Martin Flade
72 Was können wir im Grumsin für die Bewirtschaftung von Buchenwäldern lernen? Susanne Winter und Martin Flade
75 Mikrohabitate als Kennzeichen der Naturwaldentwicklung Susanne Winter und Martin Flade
76 Pilze als Zeugen und Indikatoren der Waldentwicklung Matthias Lüderitz

81 Die Flora des Grumsin Beate Blahy

91 Die Fauna des Grumsin Martin Flade und Beate Blahy
92 Die Vogelwelt des Grumsin Heike Begehold und Martin Flade
97 Die Kraniche des Grumsin Beate Blahy
100 Säugetiere im Buchenwald Mathias Herrmann
103 Fledermäuse Sylvia Stephan und Angelika Fuß
107 Amphibien Bernd Klenk
109 Die Insektenfauna Thomas Schmitt
111 Holzkäfer: Urwaldreliktarten und Naturnähezeiger Martin Flade und Georg Möller
113 Libellen Rüdiger Mauersberger

119 Ein Blick in die frühe Besiedlungsgeschichte der Uckermark Beate Blahy
125 Die Menschen und der Grumsin: Die Dörfer und ihre Bewohner Roland Schulz
135 Der Grumsin als herrschaftliches Jagdgebiet Eberhard Henne
140 Schalenwildmanagement statt jagdlicher Nutzung Martin Flade

143 Naturerlebnis Grumsin Klaus Pape
146 Erleben, beobachten, bewahren Uwe Graumann
150 Eintrittspforten ins Weltnaturerbe Buchenwald Grumsin Uwe Graumann
153 Auf dem Urwaldsteig in den Buchenwald Grumsin Beate Blahy

161 Literatur

164 Autoren

166 Abbildungsnachweis

Zum Geleit

Fünf deutsche Buchenwälder wurden Teil des im Juni 2011 von der UNESCO anerkannten seriellen Weltnaturerbes „Buchenurwälder der Karpaten und alte Buchenwälder Deutschlands". Einige dieser Buchenwälder waren bis dahin in Deutschland wenig bekannt. Mit der Anerkennung als Weltnaturerbe entstand der Bedarf an umfassender und anschaulicher Information über diese Gebiete. Der Verlag Natur+Text im Brandenburgischen Rangsdorf hat sich unverzüglich dieser Aufgabe angenommen und das Ziel gesetzt, alle fünf deutschen Weltnaturerbe-Buchenwälder in jeweils einem schön bebilderten, informativen und repräsentativen Band vorzustellen.

Im Jahr 2013 erschien der erste Band über den Buchenwald Serrahn im Müritz-Nationalpark von Hans-Jürgen Spieß und Peter Wernicke, im Jahr darauf der Band über den Nationalpark Hainich von Manfred Großmann, Siegfried Klaus und Thomas Stephan. Beide Bände sind – unserer Meinung nach – herausragend gut gelungen und wunderschön gestaltet. Damit wurde die Latte sehr hoch gelegt. Beide Bände sind von je zwei Textautoren geschrieben, die die Entwicklung „ihrer" Buchenwälder und Schutzgebiete seit Langem getragen haben und vielfältig mit ihnen eng verbunden sind. Hinzu kommen Bilder von hervorragenden Fotografen, die viele Jahre in diesen Buchenwäldern tätig waren – nur wenige Gebiete haben das Glück, auf „Hausfotografen" dieser Qualität zurückgreifen zu können.

Als der Verlag Natur+Text an uns mit dem Wunsch herantrat, den Band über den Grumsin zu erstellen, hatte uns angesichts der Qualität der beiden bereits vorliegenden Bände zunächst der Mut verlassen. Der Buchenwald Grumsin ist nur ein sehr kleiner Teil des 1.300 Quadratkilometer großen Biosphärenreservats Schorfheide-Chorin (die Welterbestätte umfasst nur knapp 600 Hektar), und zumindest vor der Anerkennung als Welterbe führte dieser schöne, abgelegene Wald eher ein Schattendasein. Er bildet zwar die größte nutzungsfreie Kernzone des Biosphärenreservats, aber im Mittelpunkt des Interesses von Naturfotografen und Wissenschaftlern standen eher die besonderen Seen, Moore und Offenlandschaften dieser reichhaltigen Kulturlandschaft.

Wir brauchten also ein anderes Konzept. Dann entdeckten wir, dass die Chance beim Grumsin vielleicht genau darin liegt, dass sich sehr viele verschieden Fachleute und Fotografen nicht hauptsächlich, aber immer wieder auch mit dem Grumsin befasst haben, und dass es lohnend wäre, die Vielfalt ihrer Eindrücke und Sichtweisen in einem Band zusammenzufassen – also die Kapitel und Teilkapitel zu einzelnen Themen von vielen verschiedenen Autoren verfassen zu lassen, die natürlich alle ihren eigenen Stil und ihre eigene Sichtweise mitbringen. Insgesamt 20 Autoren konnten wir gewinnen, die bereit waren, wertvolle Bausteine für die Gesamtbetrachtung zu liefern. Noch viel größer ist die Zahl der Bildautoren, die, zumeist unter Verzicht auf Honorare, ihre schönsten Grumsin-Bilder zur Verfügung stellten. Den meisten gemeinsam ist, dass sie nicht am Grumsin oder in seinem Umfeld leben, sondern eher von außen auf dieses Kleinod blicken. Dies begünstigt oft die Einordnung in überregionale Zusammenhänge. Insgesamt ist dieses Buch also nicht das Werk von herausragenden „Solisten", sondern eher ein „Chorgesang" vieler, die jeweils aus ihrer fachlichen und persönlichen Perspektive auf den Grumsin blicken.

Wir hoffen, dass dieses Experiment gelungen ist und wir einen würdigen Baustein für das Quintett der fünf deutschen Welterbe-Buchenwälder liefern können.

Beate Blahy und Martin Flade

Grußworte

Historische und vegetationsgeschichtliche Befunde belegen, dass die Siedlungs- und Kulturgeschichte Mitteleuropas über mehr als zwei Jahrtausende eng mit Buchenwäldern verbunden war. Die Buchenwälder waren über viele Jahrhunderte die natürliche und wirtschaftliche Lebensgrundlage der hier lebenden Menschen und damit Teil ihrer kulturellen Identität.

Der weitaus überwiegende Teil Deutschlands war nach der Eiszeit bis zum Beginn der großen Waldrodungen im 9. Jahrhundert n. Chr. von Buchenwäldern bedeckt. Heute nehmen Buchenwälder nur noch 4,7 % der Fläche Deutschlands bzw. 17 % der deutschen Waldfläche ein. Davon ist wiederum nur ein Bruchteil älter als 160 Jahre, und weniger als ein Promille ist ohne wirtschaftliche Nutzung einer natürlichen Entwicklung überlassen.

Nur dort, wo Buchenwälder sehr alt werden können, sich viel Alt- und Totholz anreichern kann und sich dadurch eine charakteristische Vielfalt aus Kleinstlebensräumen entwickelt, entfalten sie ihren hohen Beitrag zur biologischen Vielfalt in Deutschland. Nur wenige Buchenwälder mit mehr als 500 ha Fläche besitzen in Deutschland entsprechende Voraussetzungen und aktuell bereits so viel Naturnähe, dass sich hier in überschaubarer Zeit wieder Buchenurwälder mit ihren für Mitteleuropa typischen Lebensgemeinschaften ausprägen können.

Um dieses Ziel zu erreichen, hat die UNESCO nach sorgfältiger Prüfung fünf Flächen innerhalb Deutschlands für Wert befunden, als Weltnaturerbe anerkannt zu werden. Der Grumsin im Biosphärenreservat Schorfheide-Chorin gehört mit einer Fläche von 590 ha dazu. Es ist die einzige Weltnaturerbe-Fläche der UNESCO in Brandenburg. Das Biosphärenreservat und unser Bundesland tragen damit eine internationale Verantwortung für den Erhalt eines ganz speziellen Ausschnitts aus der weltweiten biologischen Vielfalt. Auf diesen 590 ha findet keinerlei Nutzung mehr statt. Hier werden nicht einfach nur Tiere und Pflanzen geschützt. Hier werden natürlich ablaufende Prozesse der Waldentwicklung geschützt und wissenschaftlich dokumentiert. Prozesse, die in der Wahrnehmung mehrerer Menschengenerationen ablaufen, und die wir im dicht besiedelten Europa nur noch auf Restflächen zulassen. Die wir aber verstehen müssen, um die biologische Vielfalt als Ganzes und damit unsere Lebensgrundlagen zu erhalten. Wir lernen, dass unser Lebensalter nicht das Maß aller Dinge ist. Es gibt Leben, das uns um ein Vielfaches überdauern kann, wenn wir es zulassen. Gerade auch hierfür steht der Buchenwald Grumsin als Weltnaturerbefläche.

Dieses Buch dokumentiert die bisherigen Ergebnisse verschiedener Fachdisziplinen zum Grumsin. Ein großes Team von Spezialisten, getragen von den Mitarbeitern des Biosphärenreservats Schorfheide-Chorin, hat bereits eine Fülle wissenschaftlicher Erkenntnisse über die im Grumsin ablaufenden Prozesse gesammelt, von denen sich die Leser in diesem Buch einen Einblick verschaffen können. Das Buch gibt darüber hinaus durch herausragende Bilder viele Einblicke in die Schönheit dieses Gebietes, seine Verletzbarkeit und seine interessante historische Entwicklung. Es reiht sich damit sehr gut in die beim gleichen Verlag schon erschienenen Bücher zu den Welterbe-Buchenwäldern im Müritz-Nationalpark und im Nationalpark Hainich ein.

Dirk Ilgenstein
Präsident des Landesamtes für Umwelt Brandenburg

Der Grumsin. Allein dieser kraftvolle Name verrät, dass es sich beim Grumsiner Buchenwald um ein ganz besonderes Stück Natur handelt. Wer zum ersten Mal dieses wilde Nebeneinander von alten Bäumen, steilen Hängen, urigen Mooren und Waldseen erlebt, kann erahnen, wie Mitteleuropa vor 2.000 Jahren einmal ausgesehen hat.

Der Grumsin ist eine der Naturentwicklungszonen im Biosphärenreservat Schorfheide-Chorin, in der Natur Natur sein darf, der Wald und seine Lebensgemeinschaften sollen sich hier ungestört entwickeln können. Seit Juni 2011 ist der Grumsin Teil des UNESCO-Weltnaturerbes „Buchenurwälder der Karpaten und alte Buchenwälder Deutschlands". Anders als in allen anderen Teilgebieten dieses Weltnaturerbes ist im Grumsin nicht der Staat Eigentümer, sondern Kulturlandschaft Uckermark e.V., der Förderverein des Biosphärenreservates Schorfheide-Chorin.

Kulturlandschaft Uckermark e.V. konnte im Jahr 1997 mit Hilfe von Lottomitteln 435 ha der 640 ha großen Naturentwicklungszone erwerben. In den Jahren 2004 und 2009 kamen weitere 63 ha mit Unterstützung des Naturschutzfonds Brandenburg hinzu.

Der Grumsin ist nur an der Westseite mit Forstflächen verbunden, im Norden, Osten und Süden grenzen oft unmittelbar landwirtschaftliche Flächen an den Wald. Um eine natürliche Entwicklung im Grumsin zu ermöglichen, war ein behutsames Wildmanagement viele Jahre Hauptaufgabe des Kulturlandschaft Uckermark e.V. bei der Betreuung seiner Flächen. Bis in das Jahr 2000 grenzten oft intensiv bewirtschaftete Maisfelder an die Schutzzone, das änderte sich mit der Übertragung von an den Grumsin angrenzenden nationalen Naturerbeflächen an den Verein. Diese Flächen können nun ökologisch extensiv bewirtschaftet werden, der Wilddruck auf den Wald lässt merklich nach.

Anfangs eher skeptisch, sind die Bewohner rund um den Grumsin mittlerweile stolz auf ihr Welterbe. Stolz ist auch der Förderverein, der als einzige Organisation mit seinen Landschaftsführern die Besucher direkt in den Kern des Welterbegebietes begleiten darf.

Martin Krassuski
Vorsitzender Kulturlandschaft Uckermark e.V.

Weltnaturerbe „Buchenurwälder der Karpaten und alte Buchenwälder Deutschlands"

Martin Flade

Rotbuchenwälder sind weltweit betrachtet ein einmaliges Phänomen. Sie haben eine Reihe von so herausragenden Besonderheiten, dass die Welterbekommission der UNESCO, der Wissenschafts- und Kulturorganisation der Vereinten Nationen, im Jahr 2011 auch eine Auswahl von deutschen Buchenwäldern als Weltnaturerbe anerkannt hat – darunter der Hainich und der Kellerwald in den deutschen Mittelgebirgen sowie Jasmund, Serrahn und der Grumsin im norddeutschen Tiefland. Diese fünf Buchenwaldgebiete „repräsentieren in herausragender Weise die ungestört ablaufenden Prozesse der Evolution und Entwicklung der Buchenwälder als ein terrestrisches Ökosystem, das in einzigartiger Weise einen ganzen Kontinent geprägt hat" (Nominierungsdossier, Lenkungsgruppe der Länder 2009). Zusammen mit einigen herausragenden echten Buchenurwäldern der Karpaten in der Ukraine und der Slowakei, die mit den fünf deutschen Buchenwäldern das Weltnaturerbe „Buchenurwälder der Karpaten und alte Buchenwälder Deutschlands" bilden, erzählen sie „umfassend und prägnant die Geschichte der nacheiszeitlichen Waldentwicklung in Europa" (Nominierungsdossier). Nirgendwo sonst auf der Erde hat eine einzige Baumart in so kurzer Zeit weite Teile eines ganzen Kontinents erobert, wie es der Rotbuche nach der letzten Eiszeit vor 12.000 bis 15.000 Jahren in Europa gelungen ist. Von den Karpaten ausgehend, über die deutschen Mittelgebirge und das norddeutsche Tiefland bis an die Ostseeküste „haben sich seit 6.000 Jahren alte Waldstandorte zu äußerst differenzierten Buchenwaldlandschaften entwickelt".

Dabei ist ein früheres Klimax-Waldökosystem vollständig durch ein neues ersetzt worden. Die zunächst vorherrschenden Eichen-Linden-Mischwälder wurden von Rotbuchenwäldern verdrängt. Im Verlauf der nacheiszeitlichen Evolution erfolgte die biogeographische und ökologische Diversifizierung des von einer einzigen Baumart geprägten Waldökosystems Buchenwald. „Die nominierten deutschen Teilgebiete sind unabdingbar für das Verständnis der nacheiszeitlichen Wiederbesiedlung und Ökosystembildung" (Nominierungsdossier).

Es gibt global gesehen in der Zone sommergrüner Laubwälder keine anderen Wälder, die so stark von einer einzigen Baumart dominiert werden wie die Rotbuchenwälder. Und nirgendwo sonst auf der Erde ist es einer Baumart gelungen, so unterschiedliche Standorte wie kalk- und nährstoffreiche bis arme sandige Böden, feuchte bis trockene Standorte sowie Zonen von der Meeresküste bis hinauf ins Hochgebirge zu erobern und zu dominieren, wie es die Rotbuche in den natürlichen Wäldern Europas vollzogen hat: „Windgeschorene Spalierform an Küsten; gedrungene Zwergform an Felsstandorten, hochwüchsige Baumgestalten mit säulenartigen Stämmen und mächtigen Kronen repräsentieren das natürliche Spektrum" (Nominierungsdossier).

Der Siegeszug der Buche dauert an – sie ist noch immer in Ausbreitung begriffen und erobert weitere geographische und ökologische Räume, zum Beispiel in Schweden und Norwegen, im östlichen Mitteleuropa (Polen, Ukraine) und auch in den mittel- und südbrandenburgischen Trockengebieten. Dieser andauernde Prozess war ein wesentliches Merkmal bei der Anerkennung der Buchenwälder als Weltnaturerbe.

Überraschenderweise sind aber diese von einer einzigen Baumart beherrschten Wälder keineswegs artenarm und biologisch „einfältig". Zwar gibt es in Buchenwäldern vergleichsweise wenig Farn- und Blütenpflanzen – typisch sind hier nur einige wenige Arten, die im Frühjahr vor dem Laubaustrieb der Buchen blühen, während später

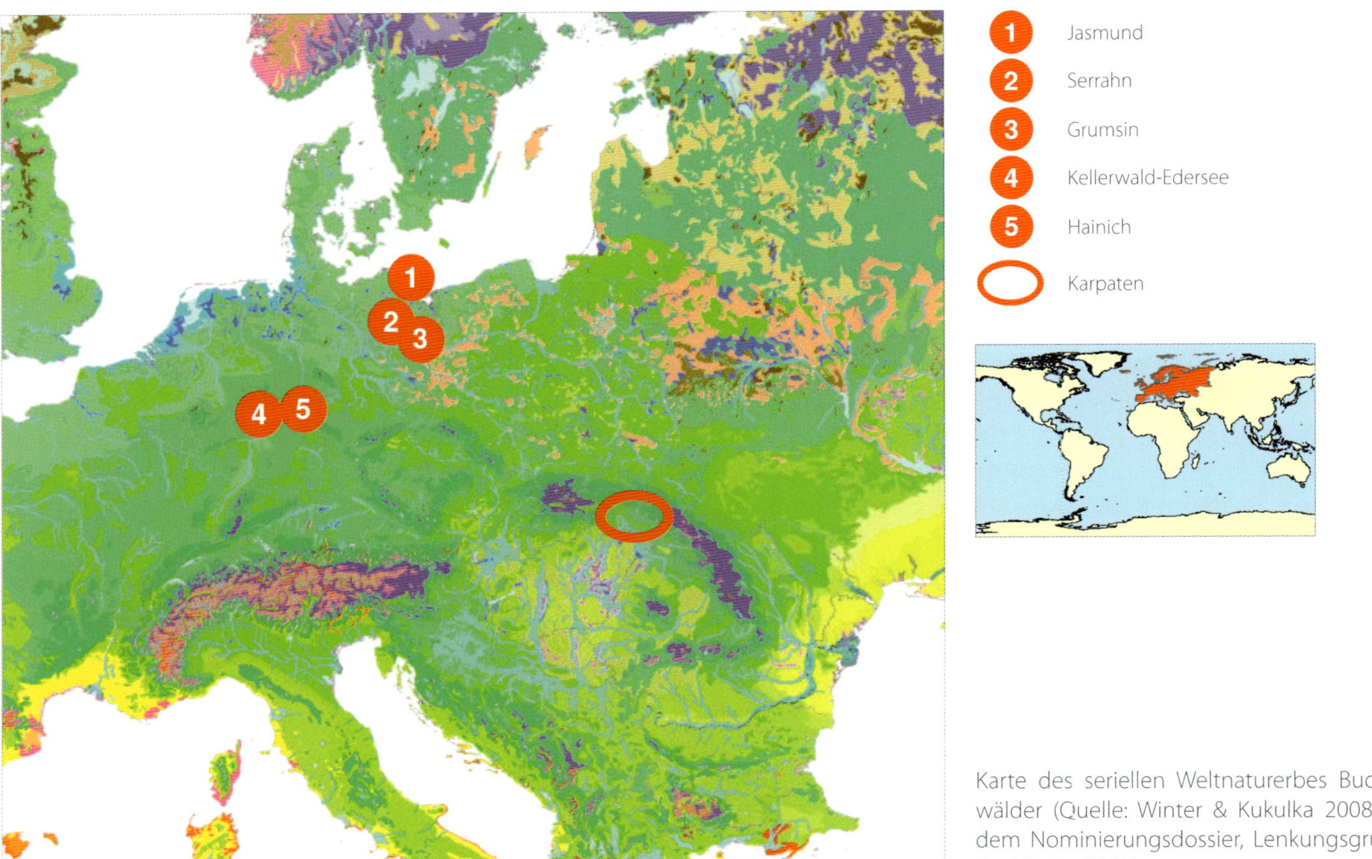

Karte des seriellen Weltnaturerbes Buchenwälder (Quelle: Winter & Kukulka 2008, aus dem Nominierungsdossier, Lenkungsgruppe der Länder 2009).

im Jahr die Falllaubschicht dominiert –, jedoch beherbergen Baumstämme, Totholz, Steine, Wurzelteller und andere Strukturen eine außerordentlich hohe Artenzahl von Pilzen, Moosen, Flechten, holzbewohnenden Käfern, Faulholzmotten, Rindenwanzen, Pilzmücken und vieles mehr. Gerade im alten, pilzbesiedelten oder absterbenden Holz eröffnet sich ein schier unglaubliches Universum der biologischen Vielfalt, das aber erst dann zur vollen Entfaltung kommt, wenn diese Wälder wirklich natürlich altern können, also für längere Zeit frei von forstwirtschaftlicher Nutzung sind. Von Natur aus wären zwei Drittel der Landfläche Deutschlands mit Buchenwäldern bedeckt. Deutschland deckt damit ein Viertel des natürlichen Buchenwaldareals des Planeten ab. Durch Waldrodungen für Siedlungen und landwirtschaftliche Flächen sowie durch Umwandlung in Nadelholzforste ist die Buchenwaldfläche in Deutschland jedoch inzwischen um mehr als 90 % des potenziellen Gesamtareals geschrumpft.

Insbesondere die Tieflandbuchenwälder sind in den vergangenen Jahrhunderten stark vom Menschen beeinträchtigt und auf weniger als 5 % ihres natürlichen Verbreitungsgebietes dezimiert worden. Zusammenhängende Tieflandbuchenwälder von über 1.000 ha Größe sind extrem selten und lassen sich in Deutschland an den Fingern abzählen. So ist der Grumsin Teil des größten unzerschnittenen Tieflandbuchenwaldes der Erde (Gebiet Poratzer Endmoräne – Grumsin) mit etwa 2.100 ha. Noch viel seltener sind völlig nutzungsfreie, sehr alte Buchenwälder. Der Grumsin ist erst seit Mitte der 1980er Jahre ohne forstliche Nutzung und ähnelt bisher in seinem Erscheinungsbild noch wesentlich mehr einem Wirtschaftswald als einem Urwald.

Insgesamt gehört der Grumsin jedoch zu den fünf Buchenwaldgebieten in der Mittelgebirgs- und Tieflandregion, die diesen Waldtyp heute am besten repräsentieren. Dabei hat jedes der Weltnaturerbe-Teilgebiete seine Alleinstellungsmerkmale: Während die Buchenurwälder des östlichen Karpatenbogens die ursprünglichen Buchen-Tannen-Bergurwälder an steilen, zerklüfteten Hängen und unter hochmontanen, niederschlagsreichen und winterkalten Klimabedingungen repräsentieren, bilden in Deutschland der Kellerwald den eher nährstoffarmen Flügel der Mittelgebirgs-Buchenwälder mit teilweise schlechtwüchsigen, bizarren Baumformen und der Hainich mit seinen an Mischbaumarten und Frühjahrsgeophyten reichen Wäldern die nährstoffreiche Ausprägung in den Mittelgebirgen ab. Im Tiefland sind die Buchenwälder des Nationalparks Jasmund auf Rügen durch die bizarre und wilde Kreidefels-Steilküste der Ostsee geprägt, während im Serrahn im Müritz-Nationalpark der Buchenwald auf relativ armen Standorten des Hainsimsen-Buchenwaldes unter zwar eher feuchten, aber kühlen klimatischen Bedingungen wächst.

Ein Alleinstellungsmerkmal des Grumsin innerhalb dieses Ensembles ist die besonders vollendete Verquickung

zwischen Wald und Feuchtgebieten. Der auf für das Tiefland ungewöhnlich steilen Hängen und Kuppen wachsende Waldmeister-Buchenwald ist durchsetzt mit zahlreichen Mooren, Erlenbrüchen und Seen. Dabei liegt der Grumsin in der niederschlagsärmsten Region des bisherigen natürlichen Verbreitungsgebietes der Buchenwälder, in der nur wenig mehr als 500 mm Jahresniederschlag fallen. Das ist nur etwa ein Viertel bis ein Drittel der Niederschläge in den hochmontanen Buchenwäldern etwa der Karpaten oder des Bayerischen Waldes.

Damit ist der Grumsin auch typisch für besonders prägnante Merkmale des Biosphärenreservates Schorfheide-Chorin und sogar Brandenburgs insgesamt: Arm an Niederschlägen und Fließgewässern, die im Grumsin sogar völlig fehlen, aber reich an Seen und Mooren, die ohne natürliche oberflächliche Verbindung jeweils in ihren eigenen Binneneinzugsgebieten liegen.

Innerhalb der fünf deutschen Teilgebiete des Weltnaturerbes „Buchenwälder" zeichnet sich der Grumsin durch eine weitere Besonderheit aus: Während die anderen vier Gebiete in den Kernzonen von Nationalparks liegen, in denen „Natur Natur sein lassen", also Wildnisentwicklung das Hauptziel der Großschutzgebietskategorie ist, ist der Grumsin Kernzone eines Biosphärenreservates. Biosphärenreservate verfolgen inhaltlich und konzeptionell ganz andere Ziele. Hier sollen neue Modelle einer ökonomisch, ökologisch und sozial nachhaltigen Landnutzung entwickelt, erprobt und wissenschaftlich begleitet werden. Die nutzungsfreien Kernzonen dienen als Referenzgebiete, als Vergleichsmaßstab und zur „Eichung" der Skalen, um die Entwicklung der genutzten und bewirtschafteten Bereiche besser beurteilen zu können. Deshalb nehmen die Kernzonen in Biosphärenreservaten nur wenige (mindestens 3) Prozent der Fläche ein, während sie in Nationalparks vorherrschen.

In diesem Zusammenhang steht auch die Ausweisung des Grumsin als größte Kernzone des Biosphärenreservates Schorfheide-Chorin. Er soll sich zu einem sekundären Urwald entwickeln, aus dessen Merkmalen Schlüsse für die möglichst naturnahe Bewirtschaftung der Wälder in den Schutzzonen 2 (Pflegezone) und 3 (Entwicklungszone) gezogen werden können. Aus der im Laufe der kommenden Jahrzehnte zu erwartenden Ausdifferenzierung und Reifung der Buchenwälder im Grumsin können Hinweise für die konkrete Behandlung der umliegenden Wirtschaftswälder abgeleitet werden: Wie viel Totholz, wie viele Mikrohabitate, wie viele Waldentwicklungsphasen pro Flächeneinheit sind natürlich oder naturnah? Wie viele und welche Arten stellen sich bei vollständiger Bewirtschaftungsruhe ein und wie kann man diesen Arten auch in Wirtschaftswäldern eine langfristige und kontinuierliche Lebensgrundlage sichern?

Insgesamt also soll die serielle Welterbestätte „Buchenurwälder der Karpaten und alte Buchenwälder Deutschlands", die nun übrigens noch durch weitere ausgewählte Buchenwälder in anderen Ländern Europas ergänzt werden soll, das Phänomen „Buchenwald" als Ganzes abbilden. Der Grumsin steht innerhalb dieses Ensembles für die Buchenwälder der Jungmoränenlandschaften mit ihrer Durchdringung von Wald und Feuchtgebieten und hat darüber hinaus seine besondere Funktion als Kernzone eines Biosphärenreservates und damit als Lehr- und Lernort für nachhaltige und naturnahe Waldbewirtschaftung.

Seite 17: Fotos links: B. Blahy. Fotos rechts: FairFilm Productions.

Ein Weltnaturerbegebiet wird zu einem einzigartigen gesamteuropäischen Vorhaben

Pierre L. Ibisch & Marcus Waldherr

Die im Juni 2011 vom Welterbe-Komitee der UNESCO anerkannte serielle Weltnaturerbestätte „Buchenurwälder der Karpaten" repräsentiert mit ihren 15 Teilgebieten in der Ukraine, der Slowakei und Deutschland einen ökologischen Gradienten durch das Verbreitungsgebiet der Buchenwälder: von den Bergen der Karpaten über die deutschen Mittelgebirge bis zur Ostseeküste. Das Weltnaturerbegebiet war mit dem Ziel eingerichtet worden, anhand dieser ungestörten und reifen Wälder die nacheiszeitliche Ausbreitung der Buche als ökologischen Prozess ins Bewusstsein zu rücken und als Schutzgebiete zu sichern.

Allerdings stellte das Welterbe-Komitee auch fest, dass die ausgewählten Teilgebiete die europäischen Buchenwälder in ihrer Gesamtheit nicht hinreichend gut repräsentierten. Vielmehr wurde empfohlen, mit weiteren interessierten Vertragsstaaten der Welterbekonvention nach geeigneten, wertvollen alten Buchenwäldern zu suchen, um zu einem späteren Zeitpunkt eine weitere und endgültige Erweiterung anzustreben. Die drei Länder nahmen die Herausforderung an und starteten mit deutscher Finanzierung einen beispiellosen Such- und Auswahlprozess. Finanziert wurde die Untersuchung durch das deutsche Bundesumweltministerium mit fachlicher Begleitung durch das Bundesamt für Naturschutz, die Durchführung des Vorhabens erfolgte durch das Centre for Econics and Ecosystem Management an der Hochschule für nachhaltige Entwicklung Eberswalde und das Writtle College in England gemeinsam mit Partnern aus Österreich und weiteren Experten aus den drei Ländern.

Mit Hilfe verfügbarer räumlicher Daten wurde eine Karte der europäischen Buchenwälder erarbeitet. Nach der Identifikation von zwölf biogeographisch-ökologischen Buchenwaldregionen (wie etwa der atlantischen, baltischen, karpatischen oder illyrischen) wurde untersucht, wo sich mutmaßlich besonders gut erhaltene und alte Wälder befinden. Parallel dazu wurde von 2012 bis 2014 eine Reihe von sechs Workshops mit 58 Experten aus 20 Ländern und Entscheidungsträgern aus 15 Ländern durchgeführt. Ergänzend wurden Expertengutachten in Auftrag gegeben und, wie beispielsweise in Albanien in Zusammenarbeit mit der GOPA, auch durch studentische Explorationen unterstützt. Dabei entstand zunächst eine umfangreiche Liste von Kandidatengebieten, die bezüglich einer Reihe von Qualitätskriterien geprüft wurden. Hier ging es um die Besonderheiten der Gebiete im Kontext der Buchenausbreitung in Europa genauso wie um deren naturschutzfachlichen Wert, Erhaltungszustand und Schutzstatus. Zum Beispiel gehörten zu den Anforderungen ein Bestandsalter von mindestens 150 Jahren und eine nutzungsfreie Zeit bis heute von 99 Jahren.

Insgesamt 217.000 km^2 verbleibender Buchenwälder wurden kartiert. Diese Fläche dürfte deutlich weniger als ein Drittel der potenziellen Buchenwaldfläche Europas darstellen. Zunächst wurden weit über 100 Gebiete mit mehr oder weniger alten Buchenwäldern identifiziert; doch letztlich qualifizierten sich die besten 100 Gebiete aus 22 Ländern für die Endauswahl. Nach einem schrittweisen Auswahlprozess blieben 46 hinreichend große und angemessen geschützte Gebiete übrig, deren Unterschutzstellung den jeweiligen Regierungen von nunmehr 20 Ländern empfohlen wurde.

Im Rahmen eines politischen Diskussionsprozesses ergab sich, dass Österreich bereit war, die zweite Erweiterungsbeantragung zu koordinieren, um möglichst viele Gebiete aus möglichst zahlreichen Buchenwaldregionen im Jahre 2017 in den Status einer Weltnaturerbestätte zu überführen. Dabei ging es nicht allein um große, sehr alte und wertvolle Buchenwälder, sondern auch um Gebiete, die in Zukunft –

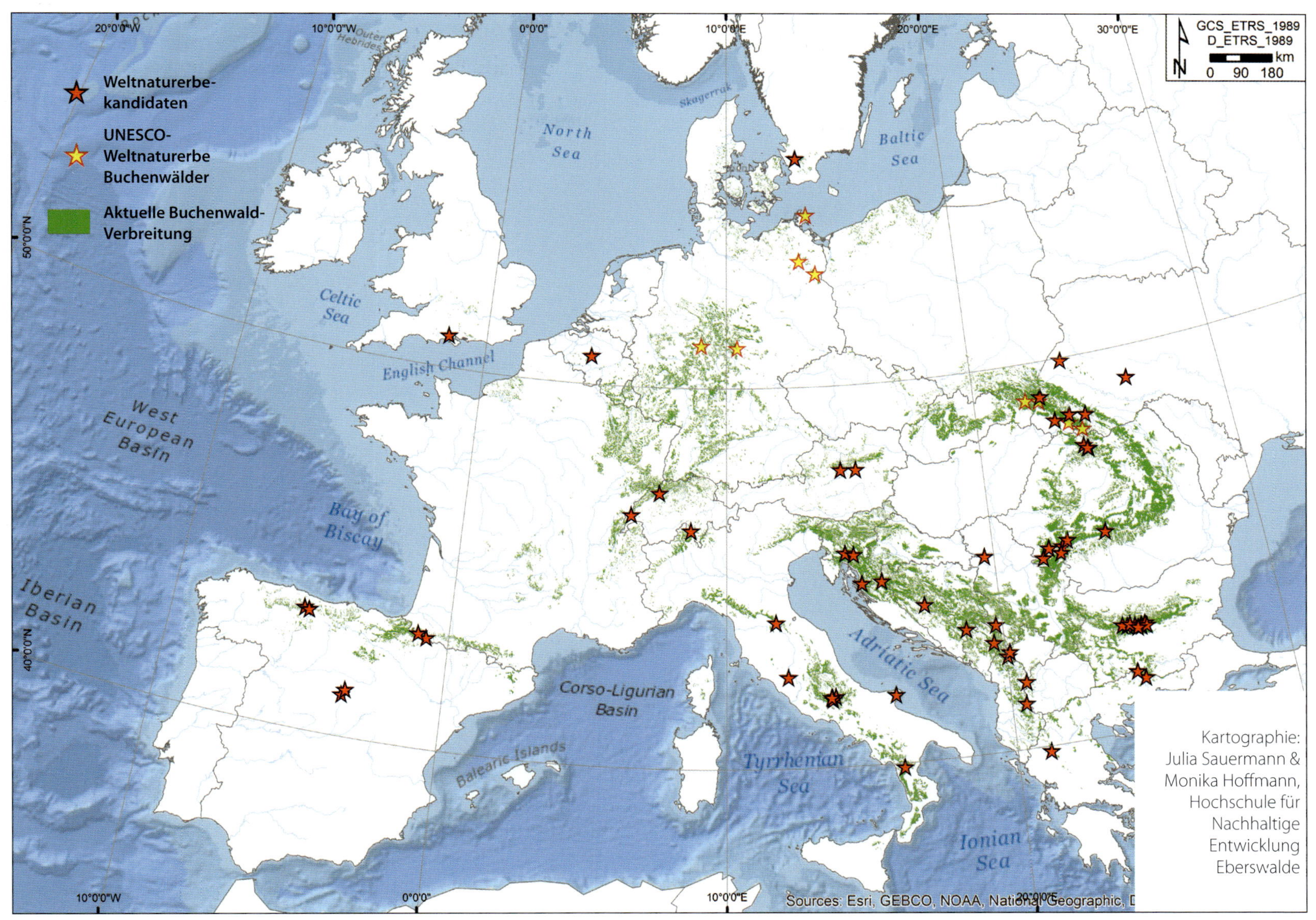

Die aktuelle Buchenwaldkarte zeigt, wie Land- und Forstnutzung eine starke Zerschneidung des Areals in kleine Fragmente bewirkt hat. Die mit gelben Sternen gekennzeichneten Gebiete zeigen die Lage der derzeitig anerkannten Teilgebiete der UNESCO-Welterbestätte. Die roten Sterne markieren, welche Gebiete im Rahmen des beschriebenen Auswahlprozesses den europäischen Regierungen empfohlen worden sind. Von diesen Kandidatenflächen wird es nur eine bestimmte Zahl schaffen, im Rahmen der Erweiterungsnominierung aufgenommen zu werden.

vor dem Hintergrund des Klimawandels – eine größere Rolle als „zukünftige alte Buchenwälder" spielen könnten. Die Länder, die sich 2014/2015 entschieden haben, zusätzliche Gebiete auf eine sogenannte tentative Meldeliste der UNESCO zu setzen, sind die Ukraine selbst (mit weiteren karpatischen und den Karpaten vorgelagerten Buchenwäldern), Polen, Rumänien, Bulgarien, Österreich, Slowenien, Kroatien, Albanien, Italien, Spanien und Belgien. Weitere Länder bekundeten Interesse, konnten aber in der angestrebten Zeit nicht die für eine Nominierung erforderlichen politischen Bedingungen erreichen (z. B. Beteiligung der Bevölkerung). In jedem Falle ist hervorzuheben, dass die Zahl der Teilgebiete in der Weltnaturerbestätte der europäischen Buchenwälder mit hoher Wahrscheinlichkeit anwachsen und eine großartige Geschichte einer europäischen Baumart sowie eines weltweit besonderen ökologischen Prozesses erzählen wird. Die Erweiterung der Stätte wird dabei nicht zur Verminderung der Bedeutung der Teilgebiete führen. Im Gegenteil, sie möge die entsprechenden (Schutz-)Gebiete und Akteure ermuntern, in neue Dimensionen des Waldnaturschutzes und auch der ökosystembasierten Regionalentwicklung vorzudringen. Während das politische Europa in einer Krise steckt, wird an einer Initiative der naturbasierten Integration und Kooperation gearbeitet, von der neuartige Impulse für internationale Zusammenarbeit, Naturschutz und Völkerverständigung ausgehen werden.

Das Biosphärenreservat Schorfheide-Chorin

Beate Blahy

Still liegt das Land. Es bewahrt seinen Lebensrhythmus seit Jahrhunderten.

Die tiefen Wälder der Schorfheide mit ihren alten, ehrwürdigen Eichen und Buchen, die zahllosen schimmernden Seen, die geheimnisvollen Moore und die geschwungenen Hügel beherbergen Leben in selten gewordener Fülle.

Neben drei kleinen Städtchen liegen im Biosphärenreservat gut 60 kleinere Dörfer und Siedlungen, von denen einige noch deutlich die Ordnung und Bauweise unserer Vorväter zeigen. Rundlings- oder Angerdörfer weisen auf ihre Entstehungszeit und die Bauherren hin.

Etwa 28.000 Einwohner, das sind etwa 22 Einwohner pro Quadratkilometer, leben in dem 1.300 km² großen, dünnbesiedelten Schutzgebiet. Doch allmählich steigt die Zahl derer, die ihr Auskommen in der Region finden. Der ökologische Landbau, der auf fast der Hälfte der landwirtschaftlichen Nutzfläche stattfindet, sowie die Weiterverarbeitung und Vermarktung vor Ort gibt deutlich mehr Menschen Arbeit als die konventionelle Landwirtschaft. Der Charakter, die Zielstellung des Biosphärenreservates als Bewahrer und Entwickler einer zukunftsfähigen, lebendigen Kulturlandschaft, die von Menschen geprägt und gestaltet worden ist, erweist sich als Magnet für diejenigen, die eine Alternative zum Herkömmlichen, Gewohnten suchen.

Modelle für neue oder andere Lebensformen entstehen, solidarische Landwirtschaft als Möglichkeit des Broterwerbs entwickelt sich neben Initiativen, die die reichen Erträge der Streuobstwiesen zur Herstellung von einmaligen Bränden, Weinen und sogar Sekt verarbeiten und damit die vorhandenen Ressourcen nutzen. Die steigende Zahl von ungewöhnlichen Herbergen und gastronomischen Einrichtungen und die wachsende Vielfalt an touristischen und kulturellen Angeboten bedeutet eine steigende Anzahl von Arbeitsplätzen und beweist die zunehmende Anziehungskraft der Region. Das Biosphärenreservat setzt sich seit 1998 mit einer Initiative für die naturverträgliche und nachhaltige Regionalentwicklung ein. Mit dem eigens entwickelten Prüfzeichen des Biosphärenreservates Schorfheide-Chorin werden regionale Unternehmen zertifiziert, die die Kriterien des Schutzgebietes erfüllen.

Die ganzjährige Weidehaltung von Robustrindern prägt das Bild des Offenlandes im Norden des Biosphärenreservats (Foto: B. Blahy).

Seite 22: Werden und Vergehen vollziehen sich in ungestörter Langsamkeit und schaffen ein vollkommenes Bild (Foto: J. Reich).

Steckbrief des UNESCO-Biosphärenreservates Schorfheide-Chorin

Größe	Gesamtfläche	Kernzone	Pflegezone	Entwicklungszone
Gesamtfläche [ha]	129.161	3.901 (3 %)	24.440 (19 %)	100.819 (78 %)
Wasserfläche [ha]	9.029 (7 %)	306	1.827	
Kriterien für UNESCO-Biosphärenreservate	*30.000 bis 150.000 ha*	*mind. 3 %* *zusammen mind. 20 %*	*mind. 10 %*	*mind. 50 % der Landfläche*

Ein für Norddeutschland typischer eiszeitlich geprägter Ökosystemkomplex der glazialen Serie (Weichselvereisung vor 12.000–15.000 Jahren) mit Wechsel von hügeligen Endmoränenzügen, welligen Grundmoränenplatten, von sanften Tälern und steilen Abbrüchen, von Sanderflächen und Mooren, von über 240 Seen (>1 ha Größe), Tausenden Feldsöllen und vielen kleinen Feuchtgebieten prägt das Aussehen dieser einzigartigen Kulturlandschaft mit großflächigen Buchenwäldern, Misch- und Kiefernwäldern (z.T. alte Hutewälder).

In einer subkontinental geprägten Klimaregion gelegen, ist es eines der größten geschlossenen wald- und gewässerreichen Schutzgebiete Deutschlands auf der Wasserscheide zwischen Nord- und Ostsee. 1990 erfolgte die Unterschutzstellung durch das DDR-Nationalparkprogramm, im gleichen Jahr die Anerkennung als UNESCO-Biosphärenreservat. Die Anerkennung des 590 ha großen Naturentwicklungsgebietes Buchenwald Grumsin als Teil des UNESCO-Weltnaturerbes „Buchenurwälder der Karpaten und alte Buchenwälder Deutschlands" erfolgte 2011.

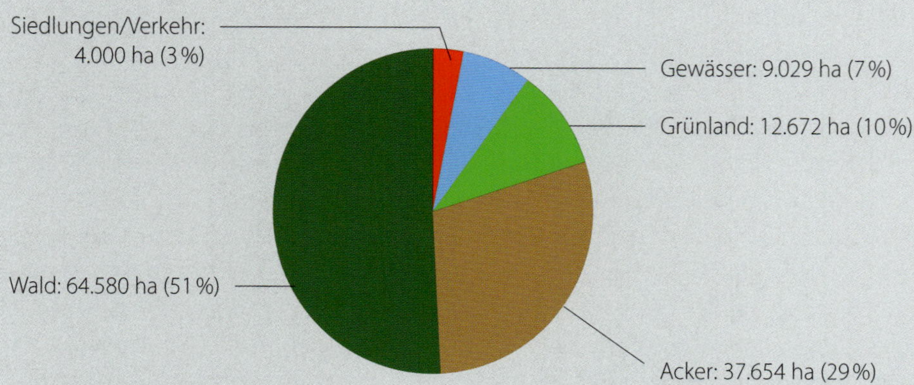

Eiszeitliche Landschaftsentstehung

Beate Blahy

Es ist erst etwa 15.000 Jahre her, dass sich der dicke Eispanzer zurückzog, der große Teile Brandenburgs bedeckte. Enormer Druck von kilometerhoch aufgetürmten Gletschermassen, ihre Bewegung, der nichts widerstehen konnte, hat in den Jahrtausenden zuvor der heutigen Uckermark, der Schorfheide und dem Barnim ihr Gesicht gegeben. Etwa 100.000 Jahre dauerte die jüngste, die Weichsel-Kaltzeit. Dabei war das Geschehen keineswegs kontinuierlich. Immer wieder wechselnde klimatische Bedingungen sorgten für die vielfältigen Bewegungen der Gletscher, die auch nicht immer in einer einheitlichen kalten Masse auf dem Land lagen. Sie tauten teilweise auf, es gab lange Rinnen und Spalten, in denen Schmelzwässer stärker oder schwächer strömten, dabei die Oser formten, die später als Ausformung der Eisspalte zurückblieben. Erneute Abkühlungen sorgten wieder für geschlossene Eisdecken, vorstoßende Gletscherzungen bedrängten sich gegenseitig, was im Untergrund zu hohem Druck und gestauchten Moränenformen führte.

In mehreren Vorstößen rückten die Gletscher südwestwärts ins Land vor und zogen sich in wärmeren Phasen wieder zurück. Sie hinterließen dort, wo die Gletscherzungen zum Stehen kamen, die „Rückzugsstaffeln" genannten, girlandenförmig aufgereihten Endmoränenketten: steinreiche Böden in Hügelkettenformen. Die wichtigste ist die Frankfurter Staffel. Nach mehreren eiszeitlichen Ereignissen fand schließlich vor ca. 16.000 Jahren der vorerst letzte große Vorstoß des Eises statt, der auch das Gebiet rund um den Grumsin ganz entscheidend prägte. Das Eis rückte vor und hielt als heute „Pommersche Eisrandlage" genannte Staffel wieder an. Sie formte die Endmoränen: den Uckermärkischen Bogen, den Joachimsthaler Bogen und den Parsteiner Bogen. Letzterer reichte bis in den Westen von Oderberg. Von dort aus schwingt ein weiterer Bogen ab bis östlich der heutigen Oder. Die sogenannte Neuenhagener Insel ist ein letzter Rest der Ablagerungen und Verlagerungen aus dieser Zeit.

Noch überall leicht zu finden sind die Zeichen der Steinschläger im Wald. Hier eine Bohrspur am Stein, Zeugnis schwerer Arbeit (Foto: B. Blahy).

Immer wieder schufen sich die Schmelzwässer der Gletscher Abflussmöglichkeiten, sogenannte Gletschertore, durch die das Wasser mit anfangs hoher, dann schwächerer Geschwindigkeit abfloss und dabei größere und kleinere Steine und vor allem viel feineres Material, Sande, Schluff und Tone mitriss. Das Wasser floss der Geländeneigung folgend ab und spülte große Urstromtäler aus, die noch heute gut erkennbar in der Landschaft liegen, wie beispielsweise das Eberswalder Urstromtal am Südrand des Biosphärenreservates. Gewaltige Sandmengen wurden vor die Pommersche Endmoräne abgelagert, die bei Groß-Ziethen, in der Schorfheide und bei Milmersdorf als Sander liegen und noch heute gewerbsmäßigen Abbau ermöglichen.

Wo sie nicht abgebaut werden, tragen die Sander ausgedehnte Kiefernforste, aber auch Hutewaldreste und Alteichen, etwa in der Schorfheide. Altkiefern stehen auf

Die Steilkante bei Sperlingsherberge zeigt die innere Struktur der Endmoräne. Große und kleine Steine liegen dicht an dicht, längst nicht alle wurden fortgeschafft (Foto: B. Blahy).

Bis heute offenes Land: die riesigen Sanddünen der Schorfheide, aufgeweht nach dem Ende der Eiszeit (Foto: B. Blahy).

nacheiszeitlichen Dünen, da sie mit der Nährstoffarmut und der relativen Trockenheit zurechtkommen. Doch auch hier liegen Moore und Seen, finden sich vermoorte Fließrinnen (Döllnfließ, Bollwinfließ).

In die Endmoränen eingepresst blieben große Mengen von Gestein, mitgetragen aus skandinavischen Regionen. Zwischen den Endmoränen wurde das Land glattgehobelt, doch fanden sämtliche Bewegungen nicht in übersichtlicher und gleichmäßiger Abfolge statt. Die Kräfte wirkten nicht planvoll, eher widerstreitend mit häufigen Richtungsänderungen, sodass auch diese Flächen nicht tischeben sind, sondern sanfte Oberflächenreliefs zeigen. Auf den Endmoränenbögen wachsen heute Buchenwälder mit zahlreichen eingelagerten Seen, besonders auch Klarwasserseen und saure Moorseen, mit Erlenbrüchen und Waldmooren, die den Wäldern ein eigenes Gepräge geben. Auch der Grumsin gehört dazu. Seine Buchen stehen auf einer sogenannten Stauchendmoräne und haben das bewegte Gelände mit den steilen Hängen längst erobert. Grundmoränen sind keine homogenen Formen. Auf und vor ihnen finden sich kahle, abgehobelte Kuppen ebenso wie Oser (Wallberge) und Kames (steile Hügel aus locker aufgeschüttetem Material). Solche besonderen Landschaftsformen tragen bis heute oft eine steppenähnliche Vegetation. In den kleinen Wasserkörpern finden sich Röhrichtmoore, auf mageren Kuppen und steilen Steppenrasen-Hügeln leben Spezialisten unter den Pflanzen, wie etwa der Steppenfenchel oder die Wiesenkuhschelle, und u. a. viele Wildbienen-, Schmetterlings- und Laufkäferarten, die auf solche Ausnahmebedingungen eingerichtet sind.

Auf den Grundmoränen liegen steinarme, aber nährkräftige Böden, die heute zum größten Teil als Ackerland genutzt werden. Ihr besonderer Reichtum sind die unzähligen eingestreuten Feldsölle, kleine wassergefüllte Senken, oft

Pfennigsucher auf karger Vegetation (hier: Pfriemengras-Steppenrasen). Angepasste Nutzung bewahrt seltene Pflanzengesellschaften, wie hier auf dem Kleinen Rummelsberg bei Brodowin (Foto: S. Winter).

außer dem noch bestehenden Wasserkörper einen breiten Moorkörper ausgebildet (Großer Plagesee, Rosinsee bei Liepe, Kleiner Krinertsee). In den heutigen Wäldern liegen Tausende von kleineren und größeren Mooren, Sümpfen, Erlenbrüchen, Schilfbrüchen und Riedern. Alle haben ihren Ursprung in den eiszeitlichen Wassergaben und tragen entscheidend zu dem Bild einer überaus reichen, vielfach gegliederten, harmonisch gestalteten Landschaft bei.
Besondere Landschaften sind das heutige Niederoderbruch und das Untere Finowtal, ehemaliges Überflutungsland der Oder, das heute ein großes Niedermoor mit Auengrünland ist. Die Alte Oder mit dem Freienwalder Landgraben und vielen stillen Altarmen markiert alte Fließwege, die das Wasser nach dem Abtauen der großen Eismassen nahm.

kreisrund, häufig ohne nennenswerte Ufervegetation, die zu Quellen für Artenreichtum und Lebensfülle geworden sind. Sie entstanden aus liegen gebliebenen, mit Schutt und Geröll bedeckten großen Eisblöcken, die von der Hauptmasse des Eises abgesprengt waren und oft zwei- bis dreitausend Jahre später als der Gletscher abtauten. Das sie bedeckende Material sank auf den Grund und bildete eine wasserdichte Sohle aus. Viele dieser Kleinode in der Landschaft bestehen bis heute und führen noch immer Wasser.
Womöglich noch prägender für die Landschaft sind die Seen, die zurückblieben, als das Eis schwand. Allein im Biosphärenreservat liegen etwa 240 Seen, die größer als einen Hektar sind. Ihre Formenvielfalt hält Schritt mit der großen Zahl. Tiefe, kalte und klare Rinnenseen (Üdersee, Werbellinsee) gibt es neben flachen, als Becken ausgeschürfte Zungenbeckenseen (Grimnitzsee, Parsteiner See). Ursprünglich viel größere Seen vermoorten oder haben

In enger Umarmung: Buchenwald und Erlenbruch. Wasser und Boden schaffen begehrte Nischen für anspruchsvolle Organismen (Foto: B. Blahy).

Auwaldreste und Röhrichte zeigen an, welche Art der Vegetation vorhanden war, bevor der Mensch massiv eingriff, als er das Oderbruch vor etwa 270 Jahren meliorierte. Steile Randhänge mit Steppenrasen, teilweise aufgelassen und mit Gehölzen überwachsen, sind aus der Zeit erhalten, da die eiszeitlichen Wasser sie formten.
Der Eisnachschub blieb vor ca. 15.000 Jahren aus, und die Eismassen schmolzen allmählich nieder. Doch immer noch bildeten sich in kürzeren Kältezeiten sogenannte Staffeln aus, die als geringere Höhenzüge erkennbar geblieben sind, wie die Parsteiner, Angermünder, Zichow-Golmer und Gerswalder Staffel.
Nach dem endgültigen Schmelzen des Eises lag das Land kahl, kalt und offen. Starke Winde verdrifteten enorme Mengen an Sanden und kleineren Kieseln, häuften Dünen auf und formten ihrerseits die Oberflächen. Die Weichselkaltzeit hinterließ Täler, Hügel, Seen, Sölle, Sander und Dünen, Urstromtäler und Moränenketten. Aus alldem wird deutlich, wie komplex die Ereignisse in der Weichseleiszeit waren, wie ein Prozess in den anderen eingriff oder überging, wie auf diese Weise eine Oberfläche entstand, die überaus vielfältig und heterogen ist.
Die noch bis zum heutigen Tag gut erkennbare Abfolge aller eiszeitlichen Stadien und Formen im Gebiet des Biosphärenreservates war einer der Gründe zur Ausweisung dieses großen Schutzgebietes gut 80 km nordöstlich von Berlin. Das Gebiet soll im weltumspannenden Netz der UNESCO-Biosphärenreservate die südbaltische Jungmoränenlandschaft repräsentieren. Ein anderer Grund war eine über die Zeiten hin immer dünn gebliebene Besiedelung des spröden, widerspenstigen Landes, die ihm eine Ursprünglichkeit bewahrt hat, welche inzwischen als Besonderheit in Deutschland gelten kann.

Geheimnisvolles Plagefenn – es ist das älteste Schutzgebiet Brandenburgs und seit 1907 nutzungsfrei (Foto: R. Kant).

Kies, Sand, Ton und Steine

Beate Blahy

Reicher Gewinn ließ sich aus den Hinterlassenschaften des Eises ziehen. Gewaltige Kies- und Sandaufschüttungen konnten als Baumaterial genutzt werden, Tonlager boten sich den Töpfern als Arbeitsmittel an. Waren es die dörflichen Töpfereien vieler Jahrhunderte zuvor, die in bescheidenem Rahmen Ton gewannen, um den Menschen das benötigte Wirtschaftsgeschirr zu liefern, so erfolgte der Tonabbau in industriellem Maßstab bis zur Erschöpfung der Lagerstätten im 19. und 20. Jahrhundert. Die Brennöfen produzierten ungezählte Ziegel, um die Häuser der Stadt Berlin zu errichten. Die sogenannte Insel Neuenhagen ist ein riesiges, aufgeschüttetes Kies-, Sand- und Tonlager gewesen, ein Strömling der Eiszeit. Dörfer wie Altglietzen oder Bralitz, die beim Abbau der wertvollen Bodenschätze erblühten, haben mit ihrer Ausbeutung großen Reichtum erworben. Die hohen, schiefergedeckten Kirchtürme der großen Kirchbauten zeugen ebenso davon wie die dauerhaften, prächtigen Häuser der Ziegelei-, Kies- und Tongrubenbesitzer. Heute hat die Insel Neuenhagen gewaltige Löcher, die wertvollen Rohstoffe sind fort. An den steilen Hängen der Kiesgruben graben nur noch Uferschwalben ihre Gänge, und auf den trockenen, armen Streuobstwiesen und in den aufgelassenen Steinlagern brüten Wiedehopfe. Die ehemaligen Tongruben sind heute mit Wasser gefüllt und erfreuen die Dorfbewohner als halbnatürliche Badeanstalten.
Insbesondere in den Endmoränen gab es große Steinpackungen, die mit dem Eis aus Skandinavien kamen. Deren Vorräte schienen schier unerschöpflich zu sein und ließen einen eigenen Berufszweig entstehen: das Handwerk des Steinschlägers. Steine mit wenigen gezielten Schlägen zu spalten, sodass die neu entstehende glatte Fläche als Baustein dienen konnte, verlangte Geschick und Kraft. Zahllose Granitsteine im kleinen und größeren Pflastersteinformat

Menschen kommen und gehen – Siedlungsreste an verlassenen Orten begegnen dem aufmerksamen Wanderer in der Uckermark nicht selten, hier die Ruinen bei Polßen (Foto: B. Blahy).

Steinschläger kannten die Steine gut: Mitunter war es besser aufzugeben, wenn das Material zu hart war (Foto: B. Blahy).

wurden hergestellt und per Lastkahn oder Pferdewagen abtransportiert, um anderswo die schlammigen und mitunter grundlosen Landstraßen zu befestigen oder Häuser daraus zu bauen.

Zeichen dieser Zeit sind die Kopfsteinpflasterstraßen in den Wäldern und mitunter auch in den Ortschaften. Sie sind Kulturzeugnis und Erbe unserer Vorfahren, von hohem ästhetischem Wert und schutzwürdig, auch wenn sie mit ihrer oft holprigen Unebenheit den heutigen Bedürfnissen entgegenstehen. Im Biosphärenreservat stehen die Kopfsteinpflasterstraßen unter Schutz. Inzwischen gibt es Technologien, diese alten Straßen kostensparend wieder herzurichten. Und es gibt mehr und mehr Verständnis für den kulturhistorischen Wert der Pflasterstraßen und somit oft auch Unterstützung für ihren Erhalt durch die Kommunen.

Charakteristisch für die Felder, besonders in der Uckermark, sind die Lesesteinhaufen. Waren die ausgedehnten Grundmoränen häufig mit guten, fruchtbaren Böden gesegnet, so haben es die Steine den Bauern auf ihren Äckern allezeit schwer gemacht. Die Gletscher brachten mit den skandinavischen Geschieben Steine in allen Größen mit sich, eingepresst in den Boden werden sie seitdem durch klimatische, jahreszeitliche Abläufe immer wieder nach oben gebracht. Mitunter sind große Findlinge, die an der Oberfläche liegen blieben, heute noch zu entdecken. Sie

Links: Lebensende einer Rotbuche. In natürlichen Kreisläufen stehen Werden und Vergehen gleichberechtigt nebeneinander, hier am Nordrand des Dabersees (Foto: B. Blahy).

Unten: Frühere Feldraine verraten sich oft durch die dort abgelegten Feldsteine. Die Steine blieben, der Feldrand verschob sich (Foto: K. Pape).

sind Zeugen einer gewaltigen Massenverschiebung über viele Tausende von Jahren und Kilometer hinweg.
Die Menschen der Gegend sagen, dass die Steine aus dem Boden wachsen würden. So mussten sie Jahr für Jahr im Frühjahr über ihre Felder gehen und Steine auflesen (sammeln), die am Feldrand aufgehäuft wurden, damit der Pflug nicht hängen blieb. Bis heute gehen die Steineleser im April und Mai über die Äcker und sammeln sie ab. Immer neu entstehen so die Steinhaufen an den Feld- und Waldrändern, die Lebensräume für Eidechsen, Ringelnattern, Mäuse, Ameisen und Laufkäfer sind. Daher sind Lesesteinhaufen in Brandenburg unter Naturschutz gestellt, ihre Zerstörung und Entnahme aus der Landschaft ist nicht gestattet.

Land voller Leben

Beate Blahy

Die Menschen, die hier siedeln wollten, kamen nicht in unbewohntes Land, denn Wälder, Seen und Flüsse waren voller Leben. Ein heute kaum vorstellbarer Reichtum an Wild prägte die Mark Brandenburg. Große Pflanzenfresser wie das Ur, der Wisent und der Elch lebten hier, Bären, Wölfe, Luchs und Wildkatze sorgten mit den kleineren Räubern wie Fischottern oder Mardern für ein gut balanciertes Gleichgewicht zwischen Pflanzen- und Fleischfressern. Flüsse und Seen waren voller Fische, Krebse und anderer Wasserbewohner. Mit der Sesshaftwerdung der Menschen bekam der dichte Waldmantel des Landes rasch immer größer werdende Löcher. Die großen Wildtiere wurden zu Konkurrenten, ihr Lebensraum schwand dahin und sie selbst wurden zum begehrten Handelsgut.
Alte Aufzeichnungen sprechen von ganzen Wagenladungen voller Schildkröten, Flusskrebsen, Fischen, die auf die Märkte in den Städten gebracht und verkauft wurden. Biber dienten als Fastenspeise, Fischotter gaben tausendfach ihre Pelze, Luchs, Wolf und Bär mussten rasch völlig weichen, denn ihre Anwesenheit bedeutete Gefahr und Konkurrenz. Trotz aller Eingriffe des Menschen in die Natur findet sich im Biosphärenreservat auch heute noch eine außerordentliche Artenfülle. Hier leben letzte Bestände der Sumpfschildkröte, drei Adlerarten brüten im Gebiet, Fischotter und Biber sind zurückgekehrt und haben viele Reviere besetzt. Fast jedes Dorf hat seinen Horst, auf dem im Sommer die Weißstörche ihren Nachwuchs aufziehen, und in den alten, stillen Wäldern brüten auch menschenscheue Schwarzstörche. Wie auch die See-, Fisch- und Schreiadler sind sie auf die Rücksichtnahme des Menschen angewiesen. Über den Feldern kreisen Bussarde, Rot- und Schwarzmilan, Falken, Sperber und Habichte schießen durch die Lüfte, Rohrweihen gaukeln über den breiten Röhrichten an den Ufersäumen der Seen. Im Frühling fragt sich mancher Unkundige, welches Tier so eine ungewöhnliche Stimme haben mag, die aus dem Schilf tönt wie Ochsengebrüll: Die Große Rohrdommel ruft. Dieser Vogel, der die großen Schilfgebiete unserer Seen braucht, fühlt sich wieder wohler hier, seitdem ihm mehr Lebensraum zugestanden wird. Entlang der Seeufer jagen mit spitzen Rufen Eisvögel nach kleinen Fischen. Sie werden auch „fliegende Edelsteine" genannt und tragen ihren Namen zu Recht. Wer sehen kann, dem geht das Herz auf: Was für eine Farbenpracht, welche Freude, so einen Vogel zu sehen!
Der Graue Kranich ist der größte Schreitvogel unserer Breiten. Er erreicht im Biosphärenreservat Schorfheide-Chorin mit mehr als 500 Brutpaaren seine höchste Brutdichte in Europa. Ihn ziehen die unzähligen Erlenbrüche, Moore und Feldsölle an. Dort findet er Ungestörtheit und Sicherheit vor Feinden, um im Sommer seine Jungvögel aufzuziehen. Die temperamentvollen Revierkämpfe und die eindrucksvolle, kraftvoll vorgetragene Balz der Tiere sind ein besonderes Erlebnis für jeden Betrachter.
Bereits im Februar und bis in den Oktober, mitunter auch noch im November sind die imposanten Tiere in den Offenlandschaften zu sehen. Wer sie nicht sieht, der hört sie ganz sicherlich. Das Trompeten der Kraniche ist für die Einwohner ein ersehntes Frühlingszeichen, und im Herbst, wenn die großen Züge westwärts ziehen, lassen sie noch einen lauten Ruf zurück. Kaum ein anderer Vogel prägt die Jahreszeiten in unseren Breiten so eindrücklich. Wild und immer fluchtbereit, wenn sich Menschen nähern, ist er trotzdem ein Tier der Kulturlandschaften. Seine enorm angestiegene Zahl hat ihre Ursache vor allem im Nahrungsangebot, das der Mensch ihm bereitet. Die riesigen Monokulturen der heutigen Landwirtschaft mit ihren Ernterückständen begünstigen sein Gedeihen ganz außerordentlich.
Viel kleiner, aber auch sehr stimmgewaltig sind Laubfrosch und Rotbauchunke, zwei Amphibien, deren noch immer

Links von oben nach unten:
Eine Rohrdommel bewacht ihr Gelege (Foto: G. Alscher).
Sumpfschildkröte beim Sonnenbad (Foto: N. Schneeweiß).
Ringelnatter (Foto: E. Henne).

Rechts oben: Schreiadler jagen bevorzugt zu Fuß (Foto: C. Rohde).
Rechts unten: Zauneidechse (Foto: M. Flade).

Eisvögel (*Alcedo atthis*) werben vor der Paarung mit Geschenken: das Männchen (links) überreicht einen kleinen Fisch an die Braut (Foto: D. Nill).

reiches Vorkommen im Schutzgebiet von Bedeutung für ganz Europa ist. Wenn im Mai und Juni das Klingen der Unkenstimmen über der Feldmark liegt, verdanken wir dieses Naturschauspiel den vielen kleinen, oft kreisrunden wassergefüllten Feldsöllen, von denen es mehr als 4.500 im Biosphärenreservat gibt. Hier befindet sich die Kinderstube von Frosch und Unke. Und je mehr Sölle in der Nähe liegen, desto lauter tönt der Ruf der kleinen grasgrünen Frösche an lauen Frühlingsabenden.

Wasser und Wald

Beate Blahy

Die Gewässer bestimmten das Gesicht des Landes früher noch viel mehr als heute – kaum zu glauben angesichts der über 240 Seen im Schutzgebiet. In jeder Senke der durch die Gletscher gestalteten, gehobelten, gepressten und geschobenen Böden befand sich Wasser. Doch Moore, Sümpfe und Flachseen waren unseren Vorfahren nicht schutzwürdige Lebensräume, sondern kaum nutzbare Fläche, unbegehbar und unheimlich. Eines der größten Moore im Biosphärenreservat, das Plagefenn, ein großer Verlandungskomplex, der den Großen und den Kleinen Plagesee umgibt, entging seiner nachhaltigen Trockenlegung im 19. und 20. Jahrhundert nur, weil ein Förster den außerordentlichen Wert dieses sonderbaren Ortes erkannte und hartnäckig den dauerhaften Schutz des Gebietes erwirkte. Seit über 100 Jahren unterliegt es keiner wirtschaftlichen Nutzung und war das erste Naturschutzgebiet, das die 1905 gegründete preußische Reichsstelle für Naturdenkmalpflege einrichtete.

Mit Hilfe zahlloser Gräben, die der Entwässerung und Trockenlegung ganzer Seen dienten, griffen die Menschen großflächig und nachhaltig in den Wasserhaushalt der Landschaft ein, um Ackerland zu gewinnen. Viel Wasser wurde fortgeleitet und verlässt noch heute das Gebiet in Richtung Ostsee. Doch die trockengelegten Flächen ehemaliger Flachseen brachten nicht dauerhaft den erwünschten Ertrag: Der Grund der Böden war schnell ausgelaugt und kaum noch fruchtbar. Diese sogenannten Seebrüche dienen noch heute als Weiden oder Mähwiesen, unterliegen jedoch keiner ackerbaulichen Nutzung.

Klima und Böden bestimmen auch das Gesicht der Wälder. Eichen, Linden, Weiden und Ahorne, später mit wärmeren Jahren auch Hasel und Birken waren nach den eisigen Zeiten wieder zurückgekehrt. Je nach artspezifischem Anspruch und Konkurrenzkraft eroberten die Kiefern die trockenen und armen Sanderflächen, Eschen und Erlen säumten bald die Gewässerränder. Erst spät, etwa 3.700 Jahre vor der Zeitrechnung, kamen auch Buchen und Hainbuchen wieder in unsere Breiten. Auf den nährkräftigen Standorten der Moränen verdrängten die Rotbuchen auf ihrem Vormarsch bald die weniger durchsetzungsfähigen Eichen, ließen einen fast reinen Buchenwald entstehen, der nur an ungünstigen Orten, an Moorrändern, Gewässerufern oder

Oben: Feldsteine aus eiszeitlichen Packungen waren gesuchtes Material zur Errichtung der jungsteinzeitlichen Hügelgräber (Foto: B. Blahy).

Unten: Die wiedervernässte „Lieper Posse", ein zeitweise entwässertes Moor im Naturschutzgebiet Plagefenn, bietet heute mit schwimmenden Moordecken und abgestorbenen Bäumen ein archaisches Bild (Foto: Archiv Biosphärenreservat Schorfheide-Chorin).

Sandige, geschwungene Feldwege führen durch bunt blühende Schläge – häufiger Anblick im Ökolandbau (Foto: E. Henne).

sandigen Kuppen, noch Platz ließ für ein bescheidenes Wachsen anderer Baumarten.

Wald hat die Gegend beherrscht, ehe der Mensch kam. Im Mittelalter fielen ungezählte Bäume für mehr Felder, zur Holzgewinnung und für den Feuerherd. Köhlereien, Glashütten, Schiffsbau, Erzverhüttung und Siedlungsbau benötigten ungeheure Mengen des natürlichen Rohstoffs, und bald waren große Flächen waldfrei. In die Wälder eingetriebene Herden von Rindern, Schafen, Schweinen und Ziegen sorgten dafür, dass kein neuer, junger Wald mehr wachsen konnte. Auf weiten Fluren blieben daher offene, trockene Heiden zurück.

Ein wichtiger Umstand rettete die verbliebenen Wälder: Der Brennstoff Holz wurde, kurz bevor die letzten Bäume gefallen waren, durch die neu entdeckten Braun- und Steinkohlen abgelöst, die Waldweide wurde von allerhöchster Stelle untersagt. Der Neuanfang zur Wiederbegründung von Wäldern gelang mit königlichem Erlass zur systematischen Baumpflanzung in der Mitte des 18. Jahrhunderts vorerst mit der Kiefer, denn die enorme Bedeutung des Waldes war inzwischen erkannt. Die noch heute bestehende Verteilung von Wald und Offenland im ungefähren Verhältnis von eins zu eins auf der Fläche des Biosphärenreservates entstand in dieser Zeit des wirtschaftlichen Aufbruchs.

Nur ganz wenige Wälder blieben ursprünglich. Der Grumsin blieb erhalten, weil seine Abholzung unbequem, schwierig und wenig effektiv war. Die starken Reliefunterschiede und die grundlosen Moore haben ihn gut geschützt. Die steinigen Moränenböden machten Ackerbau unmöglich, und so gab es keine größeren Kahlschläge im Grumsin. Außerdem war das Waldgebiet mit seinem Wildreichtum ein bevorzugtes Jagdrevier der Mächtigen und wurde geschützt des Wildes wegen.

Die Zeit schreitet fort, Entwicklungen in der Gesellschaft finden selbstverständlich auch im Biosphärenreservat statt. Die Aufgabe in diesem riesigen, von der Natur so bevorzugten Gebiet lautet heute, die berechtigten Ansprüche und Bedürfnisse des hier lebenden und wirtschaftenden Menschen mit den ebenso berechtigten Ansprüchen der übrigen Bewohner zu vereinbaren. Das fordert mitunter auch ein Zurücktreten des Menschen, einen Verzicht auf bestimmte Nutzungen in empfindlichen Räumen, doch es beschert uns einen weltweit hoch anerkannten Reichtum an Lebenswelt und Lebensqualität. Freie Landschaften, freier Blick, Luft zum Atmen und Orte der Stille, das sind Werte, die immer kostbarer werden. Sie zu erhalten, lohnt sich.

Seite 37: Der Schwarze See, dicht umstanden von Buchen. Der Wasseranstieg durch den Grabenschluss hat die Uferbäume in Bedrängnis gebracht (Foto: J. Reich).

Der Grumsin als Beispiel einer südbaltischen Jungmoränenlandschaft

Annäherung an den Grumsin

Martin Flade

Wer beispielsweise von einem der Brodowiner Aussichtshügel, vom BIORAMA-Aussichtsturm in Joachimsthal oder von der Straße von Groß-Ziethen nach Angermünde auf den Grumsin schaut, nimmt ihn als bewaldeten Höhenrücken wahr, der als Endmoränenbogen wie ein kleines Mittelgebirge aus der welligen Grundmoränenlandschaft hervortritt. Der Wald wirkt geschlossen und kompakt, gleichzeitig doch verträumt und abgelegen.

Im Süden steht die Waldlandschaft des Grumsin im Kontrast zu intensiv genutzter Agrarlandschaft um die Ziethen-Dörfer und Schmargendorf, mit großflächigen Raps- und Maisfeldern und allen Begleiterscheinungen, die die heutige Intensivlandwirtschaft mit sich bringt. Lediglich am Waldessaum um Töpferberge und Sperlingsherberge gehen die Ackerkulturen in extensiv genutzte Weiden, Obstwiesen und kleine, ökologisch bestellte Felder über. Noch ist dieser Übergangsbereich jedoch recht schmal. Einen besonderen Reiz hat die dem Grumsin im Süden vorgelagerte Landschaft durch das feuchte, teilweise überstaute und Schilf bestandene Ziethener Seebruch sowie die zahlreichen Feldsölle, die mitsamt ihrem Arteninventar inmitten intensiver Landwirtschaft ums Überleben kämpfen.

Im Norden ist der Grumsin in eine reichhaltig strukturierte, hügelige, ökologisch bewirtschaftete Feldflur eingebettet. Hier gliedern zahlreiche Hecken, Feldgehölze und Kleingewässer, die Pferdeweiden des Gutes Angermünde sowie extensives Acker- und Grünland das Umfeld des Grumsin. Am Südwestrand von Altkünkendorf prägt ein wiederhergestellter großer und flacher Weiher die Landschaft. Er wird „Große Wiese“ genannt und besteht aus Röhrichten, Seggenrieden und Flachwasserzonen, die von zahlreichen Reihern und Wasservögeln belebt sind. Auffallend sind die uralten Eichen und Linden, die noch vereinzelt an Straßen- und Wegrändern oder solitär in der Feldflur stehen. Sie deuten bereits auf den nahe gelegenen „Urwald von morgen“ hin.

Im Westen geht der große geschlossene Waldkomplex des Grumsin unmittelbar in das großräumige Waldgebiet der Poratzer Moränenlandschaft über. Wenn man sich vom Ostufer des großen, flachen und vogelreichen Grimnitzsees dem Grumsin nähert, durchquert man zunächst eine malerische, hügelige Heckenlandschaft mit zahlreichen Kleingewässern. Hecken und Baumreihen werden immer dichter

Alte Steine weisen den Weg, sorgfältig behauen und bis heute gepflegt (Foto: K. Pape).

Seite 38: Tiefe Senken halten das Wasser zurück, und langsam beginnt der Prozess der Moorbildung (Foto: B. Blahy).

Blick von Norden über das offene Land auf das Waldmassiv des Grumsin (Foto: B. Lammel).

Abendlicht spielt mit Wasser und Wald – Blick von Westen auf den Buckowsee (Foto: B. Lammel).

Am Rande der wiedervernässten Brackenseeposse im Weltnaturerbe Grumsin. Zu DDR-Zeiten war das Moor entwässert, als Grünland bewirtschaftet und diente als Rotwild-Einstand. Zwischen den Altbäumen rechter Hand befand sich der Jagdstand des Ministers für Staatssicherheit der damaligen DDR, Erich Mielke (Foto: B. Blahy).

und höher, bis der Besucher in die hohen, schattigen Hallen des Grumsin eintritt. Jedoch gehören diese Wälder an der kleinen Straße von Neugrimnitz nach Altkünkendorf noch nicht zum Weltnaturerbe; sie sind in naturnaher Dauerwaldwirtschaft genutzte Privatwälder.

Auf der alten Pflasterstraße zwischen dem früheren Forsthaus Grumsin und dem „Berliner Platz" am Westrand des Weltnaturerbes kann der Besucher bereits alle charakteristischen Merkmale des Grumsin erleben: Hochwüchsige Buchenwälder auf hügeligem Gelände, teils in steilen Hanglagen, wechseln sich ab mit malerischen Bruchwäldern und Mooren in den Senken. Die nassen, lichten Erlensümpfe sind im Frühjahr mit weiß blühenden Wasserfeder-Teppichen und gelben Sumpfschwertlilien, die nährstoffärmeren Moore dagegen mit dicken Moospolstern und flauschig-weiß fruchtenden Wollgräsern geschmückt. Aus den teils dunkel-schattigen, z.T. lichten Buchenhallen erklingen die Stimmen von Schwarzspecht, Waldlaubsänger, Trauer- und Zwergschnäpper. Besonders im zeitigen Frühjahr hallt der Wald aus allen Richtungen wider vom schallenden Trompeten der Kraniche.

Wer von Süden, von Groß-Ziethen kommend den Grumsin betritt, gelangt über eine mit teils breiten Feldhecken gesäumte Pflasterstraße in die Waldlandschaft. Hier sind die Buchenwälder dunkel-schattig. Man passiert den auf der linken Seite liegenden Großen Schwarzen See und dann eine Talmulde, in der auf der rechten Seite die Brackenseeposse als großes wiedervernässtes Moor sichtbar wird.

Vermutlich durch einen „Toteisblock“ entstandenes Kleingewässer, ein sogenanntes Waldsoll, inmitten des Buchenwaldes Grumsin (Foto: K. Pape).

Von imposanten alten Buchen, Eichen und Winterlinden gesäumt, befand sich hier zu DDR-Zeiten noch eine entwässerte Waldwiese als Rotwild-Einstand und bevorzugtes Jagdgebiet des Ministers für Staatssicherheit der DDR, Erich Mielke. Die hölzernen und blechernen Überreste seines Jagdstandes am westlichen Rand sind noch sichtbar. Nach der Einrichtung des Biosphärenreservates wurde der künstliche Entwässerungsgraben geschlossen und das Moor revitalisiert. Seitdem breiten sich auf der meist flach überstauten ehemaligen Wiese Wasser- und Moorpflanzen aus, hier tummeln sich Enten, Graureiher und Zwergtaucher, Kraniche rufen. Die nach der Aufgabe der Wiesennutzung zunächst aufgewachsenen Erlen sterben ab und geben der in hohe Buchenwaldhügel eingebetteten Moorlandschaft ein fast schon archaisches Gepräge. Auch weiter auf dem Weg nach Norden in Richtung Berliner Platz führt der Weg durch dichten und hohen Buchenwald, aber auch vorbei an kleinen Erlenbrüchen und Mooren sowie einem kleinen vermoorten Fließtal.

Ein Blick in die Kernzone des Weltnaturerbes

Martin Flade

Am Berliner Platz, wo die ehemalige Pflasterstraße, die Luisenfelde mit Grumsin verband, aus dem Weltnaturerbe heraustritt, sind ganz verschiedene, typische Aspekte des Grumsin anschaulich wahrnehmbar: Im Westen, in Richtung der Siedlung Grumsin, befinden sich sowohl alte als auch sich nach starker Durchforstung

Natürliche „Kampfzone" am Ufer des Schwarzen Sees: Der durch Biber verursachte Wasserstandsanstieg drängt den Buchenwald zurück. Selbst die Stammfüße alter Buchen und Eichen werden von den Bibern geschält (Foto: B. Blahy).

verjüngende Buchenwälder in Privatbesitz, die weiter forstlich genutzt werden. Nach Osten zu, in der Kernzone, sind südlich der durch große Findlinge gesperrten Pflasterstraße hohe und alte, meist noch hallenartig stehende Buchenwälder zu sehen, die mit einem Baumalter von teilweise 180 bis 200 Jahren das übliche Alter der Wirtschaftswälder schon deutlich überschritten haben. Stellenweise ist das Kronendach bereits aufgerissen. In den neu entstandenen Lücken stehen Baumruinen und mächtige pilzbesetzte Hochstümpfe sowie liegende Stämme, die schnell von der emporschießenden Buchenverjüngung überwachsen werden. Die dichten Verjüngungskegel unter den Kronendachlücken sowie der weite und hohe, recht steil nach Süden abfallende Hang, an dessen Fuß sich natürlich ein Waldmoor schmiegt, kennzeichnen diesen Teil des Grumsin und sind gleichzeitig typisch für weite Teile des Welterbes.

Die steilen Kuppen der Stauchendmoräne sind besonders gut am Langen Berg im Norden des Grumsin sichtbar (Foto: H. Begehold).

Ein Gewittersturm riss im August 2014 erste größere Lücken ins Kronendach des Buchen-Hallenwaldes am Großen Dabersee (Foto: B. Blahy).

Nordöstlich des Berliner Platzes grenzt naturferner Nadelholzforst an. Diese Insel im vorherrschenden Buchenwald ist ebenfalls seit 30 Jahren nutzungsfrei, wird aber noch mindestens 150 oder 200 Jahre benötigen, bis sie sich zu naturnahem Buchenwald entwickelt hat. An der Pflasterstraße besteht sie aus Lärchen, weiter nördlich jedoch aus Fichten, die einen „ertrunkenen" Erlenbruchwald umschließen. Der künstliche Entwässerungsgraben, der aus dem Dabersee kommend das Erlenbruch entwässerte, ist Anfang der 2000er Jahre verschlossen und so ein naturnaher Wasserhaushalt hergestellt worden.

Wenn man sich von Norden, von Altkünkendorf her dem Grumsin nähert, wandert man zunächst an einigen uralten Eichen und Linden vorbei durch einen streckenweise von steilen Böschungen, Hecken und Bäumen gesäumten Hohlweg und gelangt schließlich an die Nordwestecke der Kernzone, die hier ebenfalls durch einen naturfernen Kiefernforst geprägt ist. Dieser Forst ist zwar seit den 1980er Jahren nutzungsfrei, gehört aber nicht zum eigentlichen Weltnaturerbe, das fast ausschließlich naturnahe Buchenwälder, Moore und Seen umfasst. In Richtung Süden gelangt man von hier durch einen Kiefernforst auf der linken Seite und naturnah bewirtschaftete Buchenwälder auf der rechten Wegseite zum Berliner Platz.

In Richtung Osten gehend gelangt man auf einen malerischen Weg, der durch alten Buchenwald am Buckowsee vorbei nach Louisenhof führt. Südlich des Weges am Nordrand des Welterbes ist hinter dem romantisch gelegenen See der hohe Kamm des Langen Berges als Kuppe der Endmoräne erkennbar. Durch einen Hagelsturm im August

Bald wieder pflanzenverfügbar gemacht: Insekten, Pilze, Bakterien zerlegen das Totholz wieder in seine Ausgangsstoffe und liefern so die Nahrung für die nächsten Baum- und Pflanzengenerationen (Foto: B. Lammel).

2014 sind hier zahlreiche Altbäume gefallen und haben z.T. große Lücken im Kronendach hinterlassen. Die kreuz und quer liegenden Stämme und aufrechten Wurzelteller geben bereits einen eindrucksvollen Vorgeschmack auf die Naturwaldentwicklung, die hier in den nächsten Jahrzehnten zu erleben sein wird.

Das Besondere des Buchenwaldes Grumsin

Martin Flade

Unverwechselbar ist der Grumsin durch die starken Reliefunterschiede und die steilen Hanglagen mit den zahlreichen Mooren und Seen in den Tälern und Einkerbungen auf jeweils sehr unterschiedlichem Niveau. Der 139,2 m hohe Blocksberg im nördlichen Zentrum des Weltnaturerbes ist gleichzeitig die höchste Erhebung im Biosphärenreservat. Die tief gelegenen Moore auf der Südseite der Endmoränenkuppe liegen dagegen nur auf unter 40 m ü. NN. Solche Höhenunterschiede sind im Tiefland ungewöhnlich und werden im Biosphärenreservat nur am südlichen Abfall der Choriner Endmoräne zum etwa auf Meereshöhe liegenden Niederoderbruch übertroffen.

Bei den Buchenwaldgesellschaften auf mineralischen Böden handelt es sich im Grumsin ganz überwiegend um Waldmeister-Buchenwälder, wobei die Standortbedingungen aufgrund der typischen Heterogenität der Moränenablagerungen sehr kleinräumig wechseln können. Oft

Typischer Aspekt der Zerfallsphase im Buchenwald: Ein mit Zunderschwamm besiedelter mächtiger Buchenstamm ist in einigen Metern Höhe gebrochen und bildet nun ein Ensemble aus stehendem und liegendem Totholz (Foto: K. Pape).

befinden sich überraschenderweise die nährstoffreichsten, kalkhaltigen, oft lehmig-mergeligen Standorte auf den höchsten Kuppen und nicht in den Senken.

Die Bodenvegetation ist oft nur spärlich ausgeprägt, es überwiegt eine dicke Laubstreu. Typisch sind allerdings die vielen, häufig moosüberwachsenen Steine und Findlinge oder an ausgeaperten Stellen, wie z. B. nördlich des Großen Dabersees, auch großflächige Moospolster. Farbenfrohe Blütenteppiche aus Frühjahrsgeophyten sind auf relativ kleine, oft tief gelegene feuchte Bereiche beschränkt.

Zu jeder Jahreszeit von großem landschaftlichem Reiz sind die Seen im Grumsin. Im Frühjahr bei beginnendem Laubaustrieb und während der bunten Laubfärbung im Herbst besonders eindrucksvoll und malerisch ist der Große Dabersee mit seinen umgebenden Altbuchenwäldern, dem Saum aus teilweise schwimmendem Erlenmoor und landseitig vorgelagertem Randlagg mit Schwimmpflanzenbeständen aus Krebsscheren und Seerosen. Allerdings ist dieser See aus Artenschutzgründen für Besucher nicht zugänglich.

Nahe des Blocksberges bei Louisenhof befindet sich der Schwarze See als am höchsten gelegener See Brandenburgs. Er ist fest in der Hand des Bibers und vom Nordweg aus zwischen den Bäumen zu erkennen. Vom Charakter her ähnelt er dem Buckowsee, der direkt am Nordweg liegt und von dort aus zu erleben ist. Für den Besucher von den begehbaren Wegen aus nicht sichtbar ist der Moossee im Süden der Kernzone. Es handelt sich hierbei um einen

flachen, geheimnisvollen See mit breiter Verlandungszone und angrenzenden Bruchwäldern und Mooren.
Insgesamt liegt die Besonderheit des Grumsin innerhalb des Ensembles der fünf deutschen Weltnaturerbe-Buchenwälder und seine weltweite Einmaligkeit in der vollendeten Verquickung von Buchenwald und Wasser, in der engen Verknüpfung des Waldes mit Mooren, Erlensümpfen und Seen, befördert durch das ausgeprägte Relief mit Höhenunterschieden von fast 100 m. Dies ist nicht nur eine ideale Voraussetzung für die Entwicklung einer immensen biologischen Vielfalt, sondern auch landschaftlich ausgesprochen attraktiv.

Auf dem Weg vom Wirtschaftswald zum sekundären Urwald

Martin Flade

Sowohl der spontane Eindruck dieser Wälder als auch die nüchternen Messdaten von zwei jeweils 40 ha großen Untersuchungsflächen belegen, dass sich der Grumsin noch am Beginn der Entwicklung vom Wirtschaftswald zum Naturwald – oder „Urwald aus zweiter Hand" – befindet. Außerhalb der Seen und Moore dominieren noch hallenartige Buchenwälder der sogenannten Optimalphase (siehe S. 60 ff.), die ein typisches Merkmal von Wirtschaftswäldern sind, und früher, vor Einführung der heute in Brandenburger Buchenwäldern vorherrschenden dauerwaldartigen Bewirtschaftung, im Kahlschlag- oder Schirmschlagverfahren verjüngt wurden. Nach Nutzungsaufgabe muss man mit einem Zeitraum von etwa 100 Jahren oder mehr rechnen, bis sich die Bestände gegliedert haben und sich ein naturnahes, kleinflächiges Mosaik verschiedener Waldentwicklungsphasen eingestellt hat.
Die Buche ist in der Baumschicht des Waldes absolut vorherrschend. Als Mischbaumart haben Eichen, darunter z. T. auch alte und starke Bäume, den größten Anteil. Ihre Bedeutung wird jedoch mit andauernder Nutzungsruhe sinken. Die Eiche kann durch Bewirtschaftung gefördert werden, unterliegt aber im Naturwald der starken Dominanz der Rotbuche und kann sich nur an See- und Moorrändern oder auf mageren, licht bewaldeten Kuppen behaupten. Im Zwischenstand relativ stark vertreten ist auch die Hainbuche. Bergahorn, Spitzahorn und Winterlinde sind nur punktuell im Oberstand, oft entlang von alten Forstwegen zu finden, jedoch haben gerade die Ahornarten in der Naturverjüngung einen starken Anteil. Rosskastanie und weitere Laubbaumarten treten nur ausnahmsweise begleitend an Wegen und Pflasterstraßen auf und dokumentieren oft den Kultureinfluss des Menschen.
Schwarzerlen und Moorbirke sind für die Moore, Brüche und Seeufer charakteristisch. In den nährstoffarmen Torfmoosmooren tritt auch die Moorkiefer als besonderer Ökotyp der Waldkiefer von Natur aus auf. Auf Mineralböden dürfte es im Grumsin jedoch keine natürlichen Kiefernvorkommen geben. Die noch kleinflächig, besonders randlich vorhandenen Kiefernforsten (sehr kleinflächig auch Fichte und Lärche) werden im Rahmen der Naturwaldentwicklung mittel- bis langfristig vollkommen verschwinden.
Die wiederholte Kartierung eines 40 ha großen Buchenwaldbestandes in den Jahren 2002 und 2012 zeigte, dass große Teile der Altbuchen in diesem Zeitraum einen Durchmesser von 60 cm überschritten und auch Bäume der Terminal- und Zusammenbruchphase an Fläche gewonnen haben, das Waldentwicklungsphasen-Mosaik der Fläche aber immer noch einem Wirtschaftswald ähnlicher ist als einem Naturwald. Die mittlere und späte Optimalphase herrscht vor. Auch weitere Messwerte bestätigen dies: Sowohl der Gesamtvorrat (im Jahr 2012 = 628 m^3/ha) und der Anteil von sehr starken Bäumen über 80 cm Durchmesser (Verdoppelung der Anzahl pro ha) als auch die Menge an stehendem und liegendem Totholz (Zunahme von 12,4 auf 34,6 m^3/ha) und die Dichte an Mikrohabitaten haben

in diesem ersten Jahrzehnt des 21. Jahrhunderts gerade die Schwelle der Wertespanne überschritten, die noch für Buchen-Wirtschaftswälder Nordostdeutschlands kennzeichnend ist (Winter 2005, Rokitte 2012).
Im genannten Zeitraum hat auch die Dichte der jungen Bäume (< 2 cm Durchmesser) zugenommen und der Anteil der jungen Bäume mit Verbissschaden und damit der Einfluss des Schalenwildes deutlich abgenommen. Der beschriebene Entwicklungsschritt aus dem Spektrum der Wirtschaftswälder heraus in Richtung Naturwald fand auch in der Tier- und Pflanzenwelt statt, so z. B. bei Brutvögeln und den holzbewohnenden Käfern. Jedoch sind die Werte des Grumsin immer noch weit entfernt von denen naturnaher Buchenwälder, die 100 Jahre oder länger der natürlichen Entwicklung überlassen sind.
Der Grumsin bietet eine hervorragende Chance, diese Entwicklung von Anfang an zu erleben, zu beobachten und auch wissenschaftlich zu dokumentieren.

Seen und Moore

Heike Wiedenhöft

Die fünf Seen in der stark reliefierten Kernzone Grumsin sind im Vergleich zu anderen Seen des Biosphärenreservates eher klein (zwischen 2 und 17 ha Fläche) und flach (3 bis 7 m Tiefe). Besonders bemerkenswert ist ihr kalkarmes Wasser, das sich durch ihre hydrologischen Speisungsverhältnisse und die relativ kleinen Einzugsgebiete erklären lässt.
Ursprünglich waren alle fünf Seen oberirdisch zu- und abflusslos. Vor etwa 150 Jahren baute man die ersten Entwässerungsgräben, die in der Folgezeit großzügig erweitert wurden und noch bis über die Jahrtausendwende die Seen und Moore des heutigen Weltnaturerbes permanent entwässerten. Ziel war es, aus Mooren land- oder forstwirtschaftlich nutzbare Flächen zu gewinnen. Außerdem sollte das ablaufende Wasser z.B. das Be- und Abspannen von Fischteichen ermöglichen (Große Wiese Altkünkendorf).
Die Folgen dieser Melioration waren Schäden im Landschaftsraum: vor allem Moorverluste und starke Moorsackungen mit massivem Gehölzbewuchs (in der Brackenseeposse auf einer Fläche von über 45 ha), verschlechterte Seewasserqualität mit Verlust der Unterwasservegetation und Eutrophierung der im Grabensystem fließabwärts liegenden weiteren Seen (z. B. Großer Schwarzer See, Kagelpfühle). Durch die hydrologische Verbindung der Moore mit den Seen (Brackensee und Brackenposse, Dabersee und Kleiner Dabersee, Moossee mit Verlandungsmoor) sowie die Ein- bzw. Durchleitung der Moore (Schwarze Wiese in den Schwarzen See) gelangten mit dem Beginn der Entwässerung Jahrtausende gespeicherte Nährstoffe aus den Torfen und Mudden wieder in die Seebecken und führten zu Wassertrübung und Algenwachstum.
Eine weitere Beeinträchtigung der Seewasserqualität erfolgte ab den 1980er Jahren durch Besatz mit faunenfremden Fischarten und die massive Veränderung der Fischzönose, um den fischereilichen Ertrag aus den Seen zu steigern.
Seit 1990 sind alle fünf Seen als Kernzone festgesetzt und nicht mehr in fischereilicher Bewirtschaftung. Die trophischen Bedingungen haben sich seitdem verbessert, allerdings herrschen die natürlich nährstoffarmen Verhältnisse nicht mehr vor. Für Seen mit „Weichwassercharakter" sind die oben beschriebenen Eingriffe besonders schwerwiegend, weil sie, anders als ein kalkabgepufferter Wasserkörper, nur schwer bzw. sehr langsam wieder in ihren natürlichen funktionalen Zustand der „Selbstreinigung" zurück gelangen können. Nach der umfangreichen hydrologischen Sanierung aller wesentlichen Entwässerungssysteme hoffen wir auf eine weitere Verbesserung des Erhaltungszustandes der Seewasserkörper. – Die emersen Strukturen wie Schwimm- und Verlandungszonen haben sich inzwischen sehr gut revitalisiert.

Brackensee

Der See am gleichnamigen, viel größeren Moor befindet sich am Südrand des Grumsiner Laubwaldes. Sein Becken ist langgestreckt, mit Geröllpackungen in den flacheren Buchten, und nimmt etwa 6 ha Fläche ein. Die maximale Tiefe beträgt – abhängig von der natürlichen Wasserspiegeldynamik – ungefähr 4 m. Die extremen Tiefenverringerungen im Zeitraum von 1996 bis 2008 durch die meliorationsbedingten Schwankungen von 1,30 m werden nach der erfolgten hydrologischen Sanierung künftig nicht mehr eintreten.

Die Speisung des Sees erfolgt über Regen- und Hangablaufwasser. Eine Beeinflussung durch Grundwasser ist unbedeutend. Nach Anstieg des Wasserspiegels in der Brackenposse kommt es zeitweise zu einem Wasserspiegelausgleich von See und Moor, da der degradierte Moorbereich die Wasserhaltefähigkeit der oberen Torfschichten erst wieder ausbilden muss.

Der aktuell nährstoffreiche See hat daher auch meist trübes Wasser und wenig Unterwasserpflanzen, Schwimmblattrasen und Laichkräuter prägen das Bild. Dass kaum ein Schilfgürtel vorhanden ist, hat natürliche Gründe: die Ufer sind zu steilscharig und der Laubwald reicht heute – auch durch die Entwässerung und die dadurch trocken gefallenen flacheren Bereiche – bis an die Ufer.

Bis zu 21 teilweise vom Aussterben bedrohte Großlibellenarten haben im See- und Moorgebiet ihren Lebensraum, ebenso Fischotter, Schellente und Gänsesäger, Laubfrosch und Rotbauchunke.

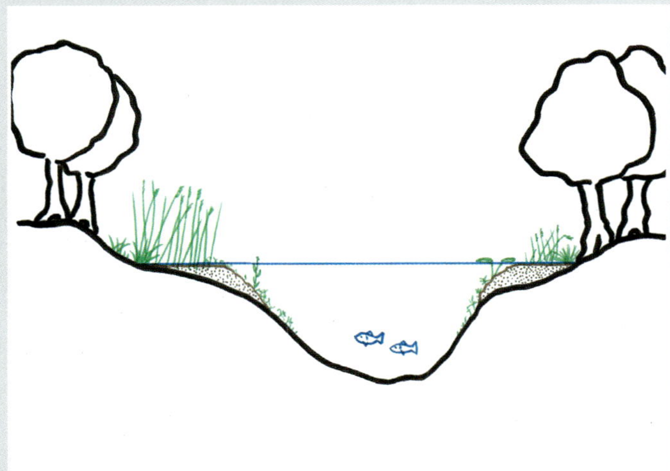

Schilf und Ried schaffen Bodenablagerungen, Seeschlamm, Torf entsteht (Zeichnung: H. Wiedenhöft).

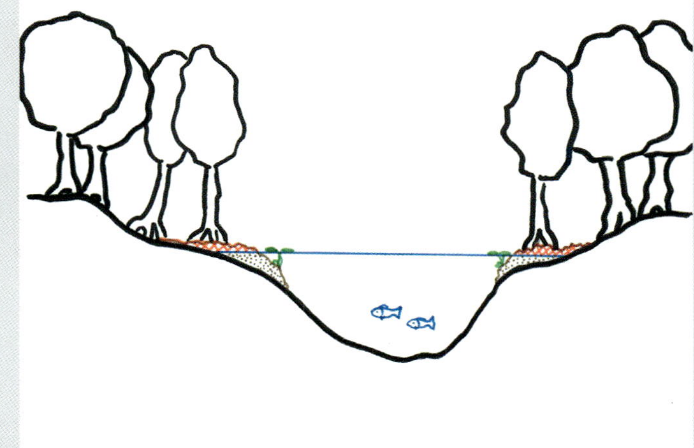

Abgesenkter Wasserstand lässt den Torf schwinden, er mineralisiert. Erlen bilden Stelzwurzeln aus, die freiwerdenden Nährstoffe belasten das Gewässer (Zeichnung: H. Wiedenhöft).

Oben: Brackenseeposse: kreuzende Entwässerungskanäle im Ostteil bildeten vor der Sanierung Inseln im Moor.

Mitte: Faschinierter, ausgetrockneter Graben im Westteil der Brackenseeposse vor der hydrologischen Sanierung.

Unten: Westteil der Brackenseeposse nach der beendeten hydrologischen Sanierung 2011 (Fotos: H. Wiedenhöft).

Dabersee

Der Dabersee ist mit 17 ha der größte der fünf Seen im Grumsin. Er liegt mitten auf dem Endmoränenrücken im Laubmischwald. Am Westende befindet sich ein artenreiches Verlandungsmoor, am Ostufer schließen sich die verlandeten Moorflächen des ehemaligen Kleinen Dabersees an.

Mit 3,50 m maximaler Tiefe gehört der Dabersee zu den ungeschichteten Flachseen.

Er wird nicht über das Grundwasser gespeist, sondern hat nur Zufluss vom Niederschlag und durch die Ablaufwasser der umliegenden Hänge. Deshalb ist sein Wasser sehr „weich"; die Karbonatgehalte liegen bei 2 dH.

Vor der starken anthropogenen Einflussnahme – z. B. Fischbesatz mit Karpfen und Silberkarpfen, Seespiegelabsenkung und Bau des Entwässerungsgrabens zum Berliner Bruch – war der See mesotroph, d. h. ein nährstoffarmer Weichwassersee.

1992 betrugen die sommerlichen Sichttiefen (ein Maß für Nährstoffmengen = die Produktivität im Wasserkörper) im Durchschnitt nur 1,3 m, was auf eine starke Eutrophierung hindeutete. In den letzten Jahren scheint sich wieder eine Tendenz zur Besserung abzuzeichnen, die Sichttiefe nimmt langsam zu und lag 2013 bei 2,2 m. Gründe dafür sind eine fischereiliche Sanierung durch Abfischung der faunenfremden Arten und eine hydrologische Revitalisierung durch den Einbau einer Sohlgleite im Ablaufgraben.

Buckowsee

Dieser kleine See am Nordrand der Totalreservatszone ist mit seinen maximal 7 m Tiefe das einzige Gewässer im Grumsiner Forst, das eine deutliche Temperaturschichtung aufweist. Entsprechend findet sich auch nur in den oberen 4 m gut mit Sauerstoff gesättigtes Wasser, in der kühleren Tiefenschicht nimmt der Sauerstoffgehalt stark ab.

Hydrologisch ist der Buckowsee zu den Kesselseen zu rechnen. Er wurde nie von Menschen im Wasserstand abgesenkt. Die starken Wasserstandsschwankungen ergeben sich aufgrund der Geländemorphologie bzw. seines kleinen Einzugsgebietes. Ursprünglich handelt es sich vermutlich um einen nährstoffarmen, wenig kalkreichen See, der anthropogen nicht oder nur zeitweise und wenig durch fischereiliche Maßnahmen beeinträchtigt wurde. Die Veränderung der ehemals ausgedehnten Unterwasserpflanzenbestände in Größe und Artenzusammensetzung deutet darauf hin, dass der See nach einer Klarwasserphase zwischen 1998 und 2010 momentan etwas nährstoffreicher ist. Die Ursachen dafür sind nicht bekannt; möglich wäre eine veränderte Fischfauna.

Zwanzig Libellenarten sind am See beobachtet worden, darunter seltene Arten wie Zweifleck (*Epitheca bimaculata*) und Keilfleck-Mosaikjungfer (*Aeshna isosceles*).

Schwarzer See

Dieser See liegt am Nordrand des Grumsiner Forstes am Fuß des Blocksberges, der höchsten Erhebung des Biosphärenreservates (139 m ü. NN), und ist mit 100 m über NN auch der am höchsten gelegene See Brandenburgs. Zum Vergleich: Das ca. 250 m entfernte Becken des Dabersees liegt schon 20 m tiefer. Der Schwarze See ist nur 3,5 ha groß und ist etwa 4,6 m tief. Auch er hat besonders steile und geneigte Ufer und speist sich primär über Regen- und Hangablaufwasser. Zum Grundwasser hat der See kaum Verbindung.

Im natürlichen Zustand hatte der See eine nährstoffarme, subneutrale Wasserqualität. Zurzeit ist er noch immer nährstoffreich und trüb, da die Seespiegelabsenkung und das Einleiten von nährstoffreichem, huminsäurehaltigem Moorwasser aus der „Schwarzen Wiese" die Wasserqualität deutlich verschlechtert haben. Diese Entwässerungen sind zurückgebaut worden. An den bewaldeten Seeufern finden sich Binsen- und Seggenarten, Sumpfcalla (*Calla palustris*) und Sumpfblutauge (*Comarum palustre*), aber auch Sumpfschwertlilie (*Iris pseudacorus*) und Wasserschlauch (*Utricularia spec.*). In den strukturreichen Verlandungsmoorbereichen und im See leben 17 Libellenarten.

Moossee

Dieser ca. 2 ha große und nur 1,5 m tiefe See am Südrand des Grumsin hat eine sehr interessante Entstehungsgeschichte. Ursprünglich in einem Toteisloch entstanden, belegen Untersuchungen, dass hier schon einmal ein flacher See vorhanden war. Dieser verlandete, und später bildete sich der jetzige See in dem Becken auf den alten Mudden und Torfen, hauptsächlich durch Zulauf aus Regen- und Hangablaufwasser. Durch den Bau und Anschluss der Moorentwässerung eines nordöstlich gelegenen Erlenbruches erweiterte man das Einzugsgebiet des Sees und senkte gleichzeitig mit dem Ablaufgraben im Südteil den Wasserstand so ab, dass die Schwingmoordecken und das Randlagg teilweise trocken fielen. So verschlechterte sich auch die Wasserqualität.

Der heutige Wasserkörper ist immer noch kalkarm, aber nährstoffreich. Der See ist durch ein ausgeprägtes Verlandungsmoor mit für diesen Moortyp charakteristischen Pflanzengesellschaften wie Torf- und Braunmoosarten, Schnabelried (*Rhynchospora alba*), Fadensegge (*Carex lasiocarpa*), Scheidigem Wollgras (*Eriophorum vaginatum*) und Sumpfporst (*Ledum palustre*) gekennzeichnet. Bis in die 1960er Jahre wurde hier noch die Europäische Sumpfschildkröte (*Emys orbicularis*) nachgewiesen. Neben Wasser-, Moor- und Laubfröschen ist der See auch Fortpflanzungshabitat für 20 Libellenarten, darunter z. B. Speer-Azurjungfer (*Coenagrion hastulatum*) und Kleine Mosaikjungfer (*Brachytron pratense*).

Seite 52 links: Randlagg des Dabersees (Foto: B. Blahy).

Seite 52 rechts: Steilscharig und tief – der Buckowsee (Foto: B. Lammel).

Seite 53: Buchen umstehen den Schwarzen See bis ans steil abfallende Ufer (Foto: H. Richter).

Unwegsame Wildnis im Verlandungsmoor des Großen Dabersees (Foto: B. Blahy).

Der Große Dabersee inmitten von weiträumigen Buchenwaldhügeln – auch im Winter ein Ort absoluter Stille und Abgeschiedenheit (Foto: B. Blahy).

Die zahlreichen, überwiegend kleineren Kessel- und Verlandungsmoore im Grumsin sind in gutem Erhaltungszustand. Diese meist nur maximal einen Hektar großen Senken blieben von Entwässerungsprojekten wegen der kostspieligen und schwierigen Realisierung in dem bewegten Relief weitgehend verschont. Verschiedenste Ausprägungen mesotroph-saurer Lebensraumtypen wie Torfmoos-Seggen-Wollgrasriede und Torfmoos-Moorbirken-Stadien prägen das Bild. Daneben finden sich aber auch große Erlenbruchwälder wie das Berliner Bruch und Teile der Brackenposse.

Diese größeren Moorkomplexe sind neben den schon erwähnten Mooren Kleiner Dabersee, Schwarze Wiese und Pfingstposse entwässert worden. Die dadurch verursachten Schäden sind trotz vieler Sanierungsschritte bis heute sichtbar.

Der Grumsin als historisch alter Wald

Monika Wulf

Unter einem historisch alten Wald wird eine Waldfläche mit über 200-jähriger Kontinuität als Waldstandort verstanden. Die Bäume müssen nicht zwangsläufig besonders alt sein, weil durch Abholzung und anschließende Aufforstung auch relativ junge Bäume auf einem Boden stocken können, der schon lange Wald trägt. Wenn allerdings über 200-jährige Bäume im Bestand vorkommen, ist das ein klares Indiz für einen historisch alten Wald.

Historisch alte Wälder können also eine ununterbrochene Geschichte als Waldstandort vorweisen, was sich im Vorkommen bestimmter Arten niederschlägt, die auf bestimmte, ständig vorhandene Lebensräume angewiesen sind. Diese Wälder haben das Potenzial, bei Nutzungseinstellung durch den Menschen über längere Zeit und dem Durchlaufen entsprechender Entwicklungsstadien sich wieder in einen urwaldähnlichen Zustand zurück zu entwickeln, der dem ähnelt, den die Natur einst selbst hervorbrachte. Der Grumsin ist ein auf großer Fläche sehr gut erhaltener naturnaher Buchen- und Buchenmischwald, der nachweislich seit mindestens 400 Jahren recht naturnah bestockt ist (Pagel 1970). Dieses Waldgebiet hat deshalb ein sehr hohes Potenzial, bei Einstellung jeglicher Eingriffe durch den Menschen sich in relativ kurzer Zeit zu einem natürlichen Wald zu entwickeln.

Von den rund 104.500 km^2 Waldfläche in Deutschland sind 77 % historisch alte Wälder, aber nur 20 % sind Laub- und 17 % Mischwälder (Glaser & Hauke 2004). Nach der Bundeswaldinventur erreichen Buchenwälder deutschlandweit lediglich einen Anteil von 10 % (MLUV & LFE 2005). Der größere Teil der Brandenburger Wälder ist historisch alt, nämlich rund 58 %. Aber auch von diesen ist der weitaus größte Anteil mit gut 83 % von Nadelholz dominiert, während Laubholzbestände etwa 11 % und Mischwälder rund 6 % ausmachen (Glaser & Hauke 2004). Der Buchenwaldanteil (Buche als Hauptbaumart, z.T. mit Nebenbaumarten, also als Laubmischwald) beträgt nach dem Datenspeicher Wald (Redmann & Regenstein 2010) für Brandenburg nur 3 % und liegt damit weit unter dem Bundesdurchschnitt (MLUV & LFE 2005).

Gehen wir davon aus, dass sämtliche Buchenbestände Brandenburgs historisch alte Waldbestände sind, dann wären das eben nur gut 32.400 ha. Die Besonderheit des Grumsiner Forstes liegt also nicht nur darin, dass er ein historisch alter Laubwald ist, sondern vor allem darin, dass weite Flächen der 670 ha großen Kernzone mit Buchen bestockt sind. Hinzu kommt, dass die Buche hier offenbar schon lange bestandsbildend auftritt und durchweg aus Naturverjüngung hervorgegangen ist (Pagel 1970). Nach Knieschke (1935) kamen im Jahr 1694 im Angermünder Stadtforst reichlich Eichen und Buchen vor, und für das Jahr 1720 wird von Hausendorff (1940/41) angegeben, dass der

Wald noch natürlich zusammengesetzt war. Danach gibt Oberforstmeister von Knobelsdorff in einem Bericht aus dem Jahr 1748 an, dass die „Buchheyde" (der westliche Teil des Grumsiner Forstes) 1 Meile lang und ½ Meile breit (1 Meile entspricht ca. 7 km) und hin und wieder mit (aufgeforsteten) Eichen durchsetzt ist. Auch waren zu jener Zeit genug junge Buchen vorhanden; ein Hinweis darauf, dass die Naturverjüngung möglich war. Aus dem Vermessungsregister der Schmargendorfer Heide des Jahres 1776 errechneten Schäfer & Hornschuch (1998), dass die Holzbodenfläche zu 52 % aus Buchen, 25 % aus Eichen, 8 % aus Kiefern und die restliche Fläche aus Schonungen, anderen Baumarten sowie Mischungen zusammengesetzt war. Die Buche überwog also bereits zu dieser Zeit.

Der nächste eindeutige Beleg stammt von Morgenlaender in seiner Forstbeschreibung der Churmark von 1780. Der Grumsin ist dort als Schmargendorff'sche Forst des Amtes Chorin bezeichnet. Als Größe gibt Morgenlaender (1780) 4.535 Morgen und 146 Quadratruthen an, was ungefähr 1.160 ha entspricht. Das ist weit mehr als das heutige Kerngebiet, weil die Waldfläche zu dieser Zeit deutlich größer und mit dem heutigen Angermünder Stadtforst verbunden war, wie ein Ausschnitt aus der Schmettau'schen Karte (um 1780) zeigt (obere Abb.). Nach Morgenlaender (1780) bestand das Revier aus Eichen, in denen Buchen eingemischt waren. Seinerzeit gab es nur noch wenige

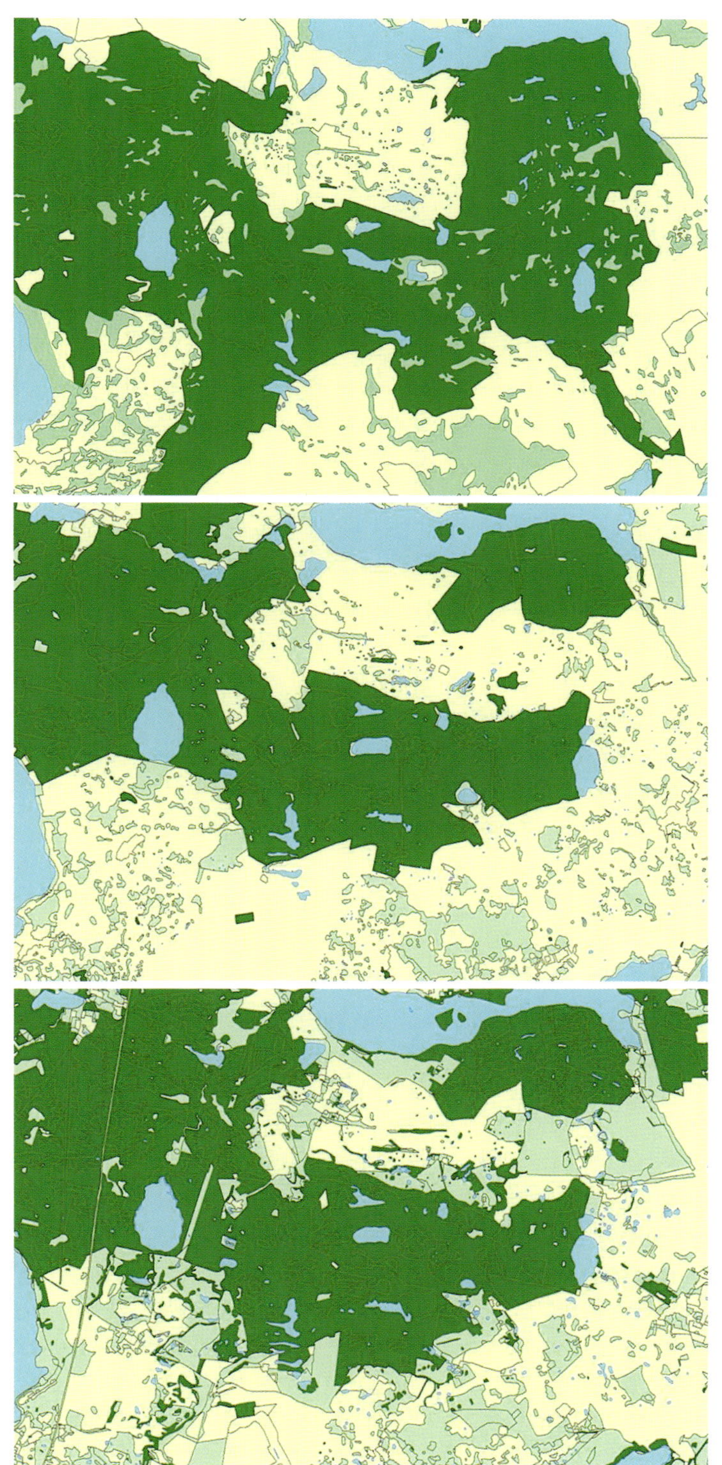

Oben: Auszug aus der Schmettau'schen Karte (um 1780), vereinfacht dargestellt.

Mitte: Auszug aus der Preußischen Landesaufnahme (um 1880), vereinfacht dargestellt.

Unten: Auszug aus der Karte zur Biotoptypenkartierung Brandenburg (um 2000), vereinfacht dargestellt.

Dunkelgrün = Wald, Hellgrün = Grünland, Gelb = Acker und Hellblau = Gewässer.

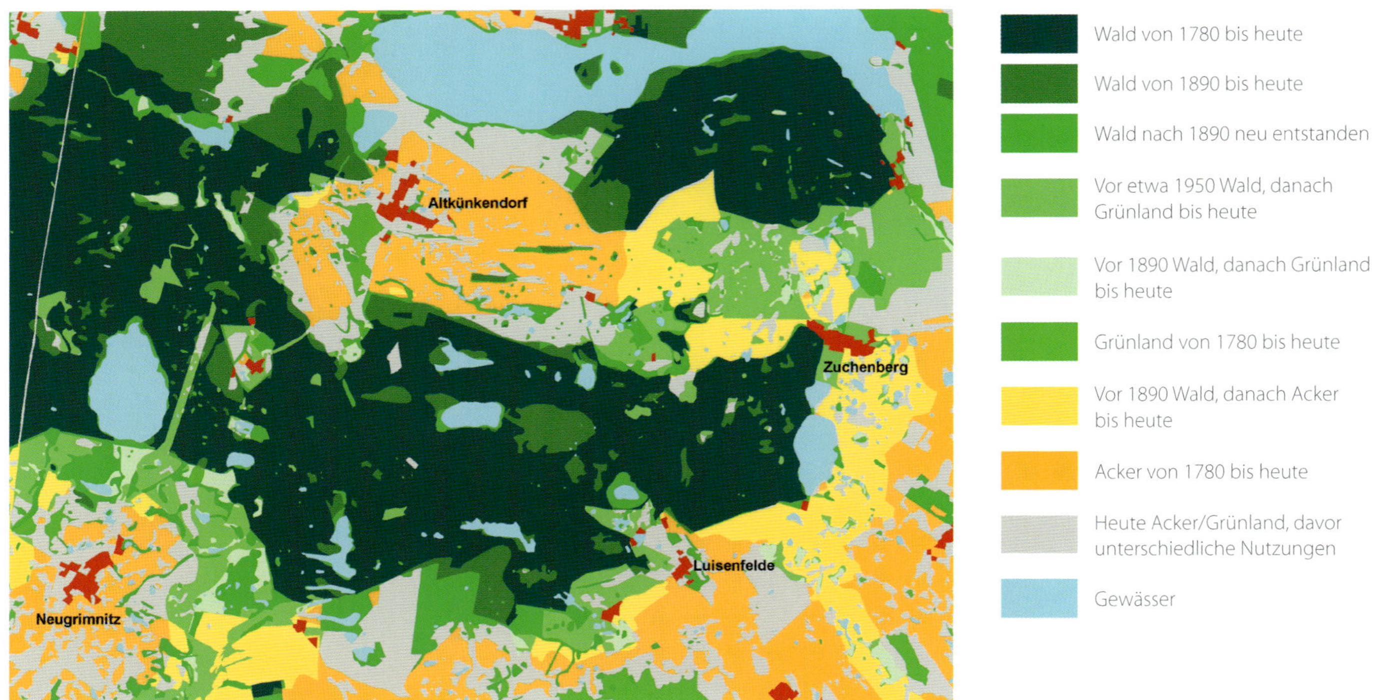

Ein Mosaik von Flächen mit unterschiedlicher Nutzung während der letzten rund 250 Jahre. Als Grundlage für diese Karte diente die Biotoptypenkartierung des Landes, in die die Daten der anderen drei Karten von S. 57 übertragen wurden (Quelle: M. Wulf).

ertragreiche Bäume, daneben offenbar mehr Eichen und Buchen, die lediglich als Brennholz zu verwerten waren. Morgenlaender (1780) erwähnt explizit, dass die Eichen und Buchen „abgestandenes Holz" sind, obwohl der Boden ziemlich gut ist, allerdings bergig und steinig. Die teilweise Steilheit des Geländes und die Steinigkeit waren sicher nicht der Grund für den relativ schlechten Zustand des Bestandes, denn heute stehen dort überall Buchen mit hoher Wuchskraft. Möglicherweise hat die Mast, die nach Morgenlaender (1780) ordnungsgemäß an die Schmargendorfer und Ziethener verpachtet war, dem Bestand zugesetzt. Andererseits erwähnt er, dass der Wildbestand von schlechter Beschaffenheit war, was für die Naturverjüngung als günstig zu bewerten ist. Auf der Preußischen Landesaufnahme um 1890 und in einer überarbeiteten Ausgabe von 1932 ist der Grumsiner Forst nahezu als reines Laubwaldgebiet eingezeichnet und hat damit erste größere Wellen des Nadelholzanbaus überstanden. Besonders bemerkenswert ist aber, dass auch in der nachfolgenden Zeit des intensiven Kiefernanbaus keine Umwandlung stattfand und selbst alte Bäume in größerer Menge stehen gelassen wurden. Mögen die Bestände auch zeitweilig relativ schlecht beschaffen gewesen sein, die Buche hat bestehen können, und dies offenbar seit mindestens 400 Jahren (Pagel 1970). So manche alten Bäume sind Zeugen dieser langen Geschichte und tragen ebenfalls zum Wert

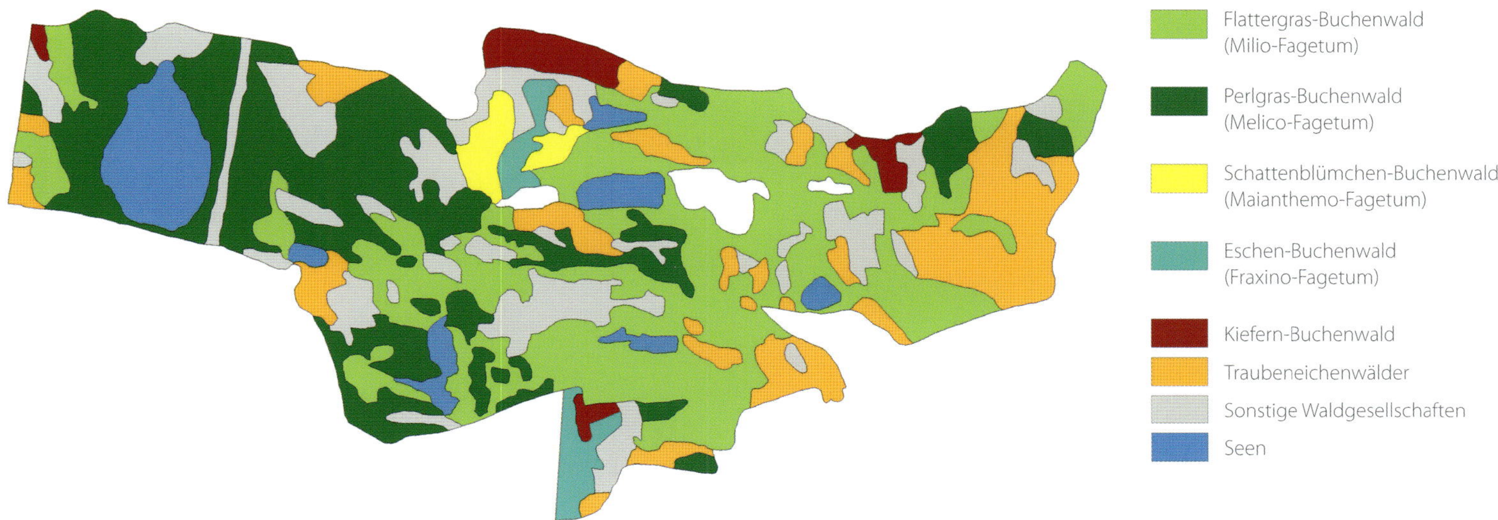

Die Waldgesellschaften im Grumsin, vereinfacht dargestellt (Schäfer & Hornschuch 1998).

des Grumsiner Forstes als historisch altem Wald bei. Im Kerngebiet nimmt die Buche nach dem Datenspeicher Wald (DSW 2, siehe Redmann & Regenstein 2010) in der Oberschicht insgesamt gut 340 ha ein und erreicht auf rund 180 ha ein Alter von über 150 Jahren. Auf rund 130 ha erreicht sie ein durchschnittliches Alter von 135 Jahren. Auch alte Hainbuchen im Alter zwischen 100 und 150 Jahren sind auf immerhin fast 22 ha vertreten.

Um nachzuweisen, ob ein Wald ein historisch alter Waldstandort ist oder nicht, werden historische und aktuellere Karten verwendet. Für Brandenburg gilt das Schmettau'sche Kartenwerk (1767–1787) mit einem Maßstab von 1:50.000 als zuverlässige historische Grundlage. Die Waldflächen auf diesen Kartenblättern wurden landesweit entzerrt und digitalisiert, ebenso die Waldflächen der Preußischen Landesaufnahme. Die Ergebnisse sind vom Landeskompetenzzentrum Forst Eberswalde (LFE) ins Internet gestellt worden (Herrigel & Groß 2014). Sie sind als Auszug rund um den Grumsiner Forst auf den Abbildungen auf S. 57 dargestellt. Als aktuelle Karte wurde die Biotoptypenkartierung des Landes gewählt, um letztlich alle drei Kartenausschnitte miteinander zu verschneiden (Abbildung auf S. 58). Daraus ergibt sich ein Mosaik von Flächen mit unterschiedlicher Nutzung während der letzten rund 250 Jahre. Der Grumsiner Forst ist danach eindeutig ein historisch alter Wald, ebenso wie der heutige Angermünder Stadtwald. Die größten Rodungen der Waldflächen fanden etwa zwischen 1780 und 1890 statt, wobei es sich um sukzessive Vorgänge handelte, die in Luthardt et al. (2004) genau dargestellt sind. Es ist deutlich erkennbar, dass es dabei vor allem um die Gewinnung von Ackerland ging, während Grünland eine nachgeordnete Rolle spielte. Insgesamt wurden nach 1780 rund 910 ha Waldfläche gerodet und in Acker überführt, während nur gut 90 ha in Grünland umgewandelt wurden. Allerdings wurde auch Waldfläche neu geschaffen: nach 1780 etwa 450 ha und nach 1890 rund 500 ha.

Das aktuelle Waldbild des Grumsiner Forstes ist durch weitflächige Buchenreinbestände auf mäßig nährstoffreichen und relativ nährstoff- und basenreichen Standorten geprägt. Dem Datenspeicher Wald (DSW 2, siehe Redmann & Regenstein 2010) ist zu entnehmen, dass die Buche etwa 50 %, die Traubeneiche etwa 20 % und Kiefer sowie Schwarzerle jeweils gut 5 % Flächenanteil erzielen. Die restliche Fläche verteilt sich vor allem auf Hainbuche und Stieleiche. Durch umfassende Untersuchungen von Schäfer & Hornschuch (1998) liegt eine Vegetationskarte zum Gebiet vor, die in vereinfachter Form auf S. 59 wiedergegeben ist. Die wichtigsten Waldgesellschaften im Kerngebiet sind der Flattergras-, Perlgras- und Schattenblumen-Buchenwald als Ausprägungen des Waldmeister-Buchenwaldes, die rund 60 % der Fläche ausmachen.

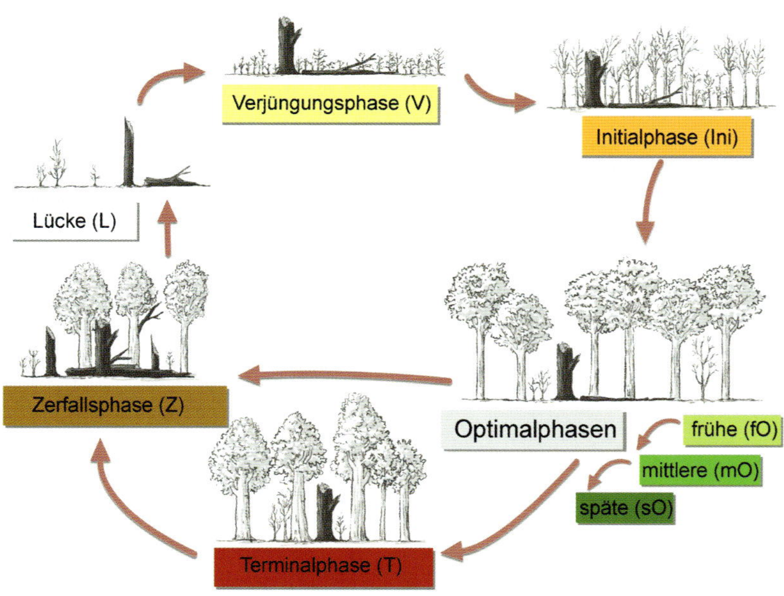

Vereinfachtes Mosaik-Zyklus-Modell der Waldentwicklung im Tieflandbuchenwald (aus: Winter et al. 2015, verändert).

Walddynamik und Waldentwicklungsphasen

Heike Begehold

Naturnahe europäische Buchenwälder sind durch ein kleinteiliges Mosaik verschiedener Waldentwicklungsphasen geprägt, die den Lebenszyklus eines Waldes in verschiedene zeitliche Abschnitte einteilen. Jede Waldentwicklungsphase ist dabei durch bestimmte Eigenschaften charakterisiert (Parameter: Kronenschluss, Brusthöhendurchmesser, Baumhöhe, Totholzanteil und Deckungsgrad der Verjüngung). Die homogenen Bereiche, die einer Waldentwicklungsphase zugeordnet werden können, werden jeweils als Waldentwicklungsphasen-Patch (von englisch „patch" = Fleck) bezeichnet. In langfristig unbewirtschafteten Buchenwaldbeständen des nordostdeutschen Tieflandes sind diese Patches nur ca. 0,07 ha groß, was eindrucksvoll das kleinräumige mosaikartige Nebeneinander der Waldentwicklungsphasen in einem naturnahen Buchenwald beschreibt.

Im Laufe der Zeit verändern sich die Patches: einerseits in ihrer Form und Größe durch den Einfluss und die Entwicklung angrenzender Patches, andererseits aufgrund der natürlichen oder durch Bewirtschaftung bedingten Abfolge der Waldentwicklungsphasen. Durch Zunahme des Brusthöhendurchmessers, der Baumhöhe oder des Totholzanteils kommt es zur Ausbildung aufeinander folgender Stadien. Großflächigere Zusammenbrüche, Stürme oder die Entnahme von Bäumen durch die Forstwirtschaft können Lücken erzeugen, in denen durch Heranwachsen der natürlichen Verjüngung der Zyklus wieder neu beginnt. Waldentwicklungsphasen bilden somit die Entwicklungsdynamik der Waldstruktur ab.

Die Bestandsstruktur des Grumsin wirkt auf den ersten Blick recht homogen, doch in den letzten Jahren haben sich zunehmend Merkmale eines natürlichen Waldes entwickelt (Abb. S. 61). Durch die ausbleibende Bewirtschaftung

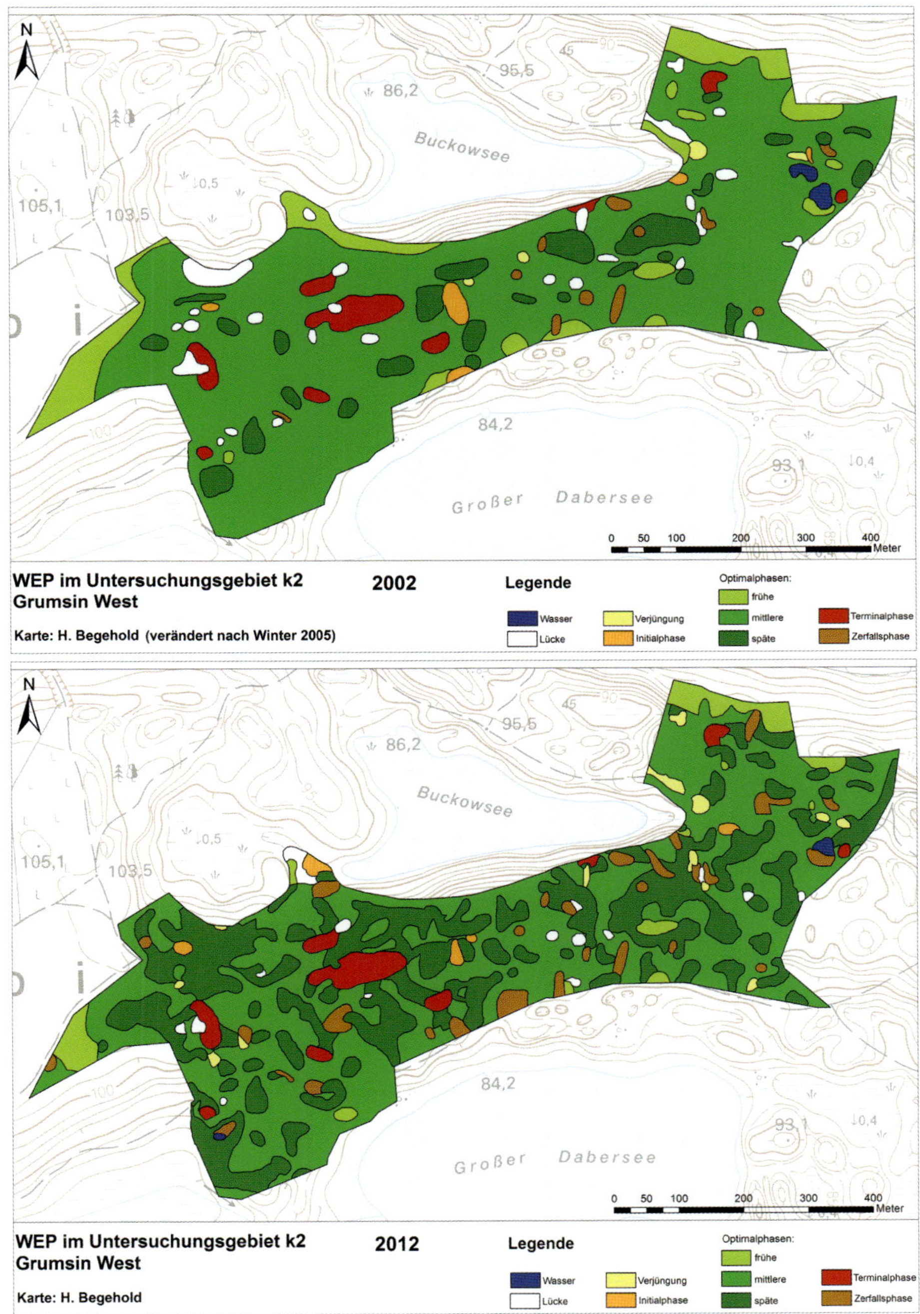

Karte der Waldentwicklungsphasen in einer ca. 40 ha großen Untersuchungsfläche im Nordwestteil des Grumsins. Oben: Kartierung aus dem Jahr 2002, unten aus dem Jahr 2012 (vgl. Begehold et al. 2016).

Nach und nach durchbrechen kleinere Zerfallsphasen, die z.B. durch Windbruch entstehen, hier und da die großflächigen Bereiche der Optimalphase (hallenwaldartige Bestandesstruktur im Hintergrund; Foto: H. Begehold).

durchlaufen die Bäume nun ihren natürlichen Alterungsprozess, die Brusthöhendurchmesser übersteigen langsam die Werte in Wirtschaftswäldern, Mikrohabitate bilden sich aus und der Totholzanteil steigt. Kleinere oder größere Sturmereignisse, wie z.B. im August 2014, reißen einzelne Bäume oder ganze Baumgruppen um, im Kronendach entstehen Lücken, die Licht für junge Buchen am Waldboden durchlassen. Diese Faktoren bedingen auch eine Veränderung der Waldentwicklungsphasen-Struktur. Ältere Phasen wie die Terminal- oder Zerfallsphase konnten sich in den letzten 25 Jahren seit der Bewirtschaftungsaufgabe z.T. entwickeln, nehmen aber bisher nur 7% der Fläche ein. Die mittlere Optimalphase stellt gut die Hälfte der Fläche, kleinräumig kommt es allerdings schon an vielen Stellen zur Alterung. Die Brusthöhendurchmesser haben 60 cm vielfach überschritten (späte Optimalphase, Abb. S. 61). Jüngere Waldentwicklungsphasen wie Verjüngungs- und Initialphasen fehlen noch weitgehend (Abb. S. 61 und links). Die einzelnen Waldentwicklungsphasen-Patches sind im Mittel ca. 0,2 ha groß und damit noch deutlich größer als in naturnahen Referenzflächen.

Die Abgrenzung von verschiedenen Waldentwicklungsphasen ist ein wichtiges analytisches Verfahren, langfristige Veränderungen im Waldaufbau zu erkennen. Dabei ist durch das kartografische Abbilden des Mosaiks verschiedener Waldentwicklungsphasen-Patches eine flächige Darstellung der Lebensraumqualität möglich (Abb. S. 61). Dies stellt einen Qualitätssprung in der Beurteilung von Wäldern und ihrer Naturnähe und Naturschutzwertigkeit dar. Die Aspekte der räumlichen und zeitlichen Kontinuität können daran besonders gut veranschaulicht werden.

Außerdem sind Waldentwicklungsphasen eng mit der Biodiversität verbunden: Es bestehen direkte Beziehungen zu den verschiedensten Artengruppen (vgl. Vögel: Schumacher 2005, Begehold et al. 2015; Fledermäuse: Meschede & Heller 2000; Holzinsekten: Möller 2005; Käfer: Möller 2005; Pilze: u.a. Keizer & Arnolds 1994; Moose und Flechten: Friedel et al. 2006 usw.). Dabei erfüllen die verschiedenen Waldentwicklungsphasen unterschiedliche Ökosystemfunktionen. Für viele Taxa wurde eine herausragende Bedeutung der Terminalphase mit ihren durchmesserstarken, großen und mikrohabitatreichen Bäumen sowie der totholzreichen Zerfallsphase nachgewiesen. Op-

Präferenz (positive Werte) und Meidung (negative Werte) der verschiedenen Waldentwicklungsphasen durch ausgewählte häufige Brutvogelarten des Tieflandbuchenwaldes. Sternchen symbolisieren signifikantes Präferenz- bzw. Meidungsverhalten. Abkürzungen der Waldentwicklungsphasen siehe Zyklus-Modell auf S. 60, W = Waldmoore (nach Begehold et al. 2015 und Winter et al. 2015, verändert).

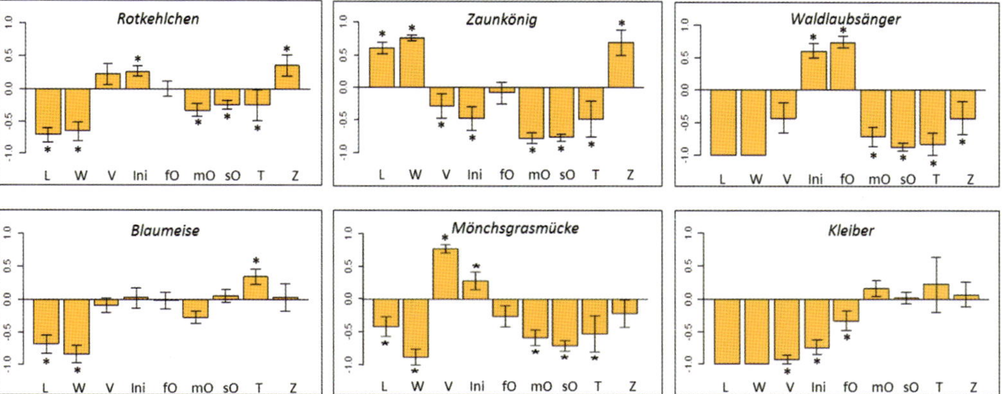

timalphasen, die zurzeit noch die hallenwaldartige Struktur des Grumsin prägen, sind ein hervorragendes Jagdgebiet für Fledermäuse oder den Waldkauz. Jüngere Initial- oder Verjüngungsphasen bieten Deckung.

Besonders deutlich wurden diese Beziehungen bei einer Untersuchung zur Nutzung der Waldentwicklungsphasen durch Brutvögel in den Jahren 2012/2013 (Begehold et al. 2015): Die Brutvogelgemeinschaft der häufigsten 24 Arten zeigt dabei eine starke Präferenz der Terminal- und Zerfallsphase. Das gilt auch für die verschiedenen brutökologischen Gilden (Höhlenbrüter, Nischenbrüter, Frei- und Bodenbrüter) sowie für Buchenwaldleitarten. Jedoch nutzen die Vogelarten die Waldentwicklungsphasen unterschiedlich; für einzelne Arten sind durchaus verschiedene Waldentwicklungsphasen von Bedeutung, darunter auch solche mit jüngeren bzw. dünneren Bäumen und lückige Bereiche. Dabei werden z. B. auch Lücken (Zaunkönig), Verjüngungsphasen (Mönchsgrasmücke), Initialphasen (Rotkehlchen) oder die frühe Optimalphase (Waldlaubsänger) bevorzugt (siehe Abb. oben).

Die Ergebnisse bestätigen die Bedeutung von Totholz und den vor allem in späteren Waldentwicklungsphasen vorhandenen Strukturen. Weiter wird deutlich, dass sowohl die Flächenanteile als auch ein kleinräumiges Nebeneinander verschiedener Waldentwicklungsphasen für die Habitatheterogenität und die Wald-Biodiversität eine große Rolle spielen (Haila et al. 1989, 1996, Flade et al. 2004, Begehold et al. 2015). Ein dauerhaftes Vorkommen aller Waldentwicklungsphasen innerhalb eines Bestandes (Abb. unten) ist für die Erhaltung der strukturellen Kontinuität ebenfalls von zentraler Bedeutung.

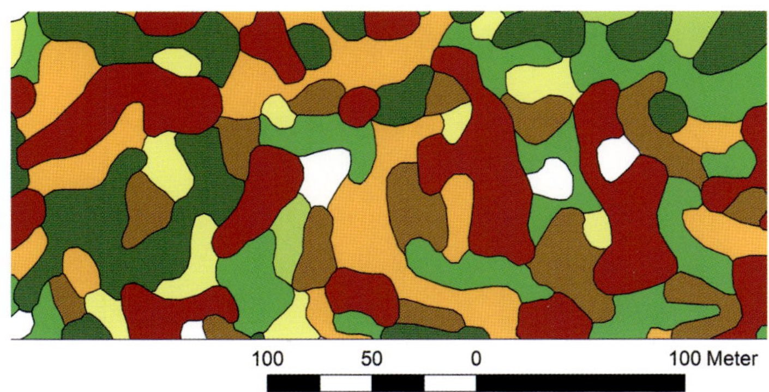

Kleinräumiges Mosaik aller Waldentwicklungsphasen in einem naturnahen, seit über 120 Jahren nicht mehr bewirtschafteten Buchenwald (Heilige Hallen); siehe das Zyklus-Modell auf S. 60 (aus: Winter et al. 2015).

Terminal- und Zerfallsphase mit Uraltbäumen in der seit über 100 Jahren bewirtschaftungsfreien Kernzone „Fauler Ort" im Norden des Biosphärenreservats. Solche eindrucksvollen, urwaldartigen Bereiche sind im Grumsin noch nicht vorhanden, werden sich aber mit der Zeit auf größeren Flächenanteilen einstellen (Foto: R. Kant).

Seite 64: Liegendes Totholz im Buchenhallenwald des Grumsin (Foto: M. Freude).

Der Grumsin als Forschungsstandort

Susanne Winter und Martin Flade

Kernzonen von Biosphärenreservaten, und hier vor allem ungenutzte, naturnahe Wälder, eignen sich in besonderer Weise als Forschungsobjekte. Insbesondere können sie perspektivisch als Referenzflächen dienen, an denen der Einfluss der Bewirtschaftung auf die Waldökosysteme vergleichend gemessen werden kann. Gleichzeitig muss die Schutzgebietsverwaltung dafür Sorge tragen, dass natürliche Entwicklung, Standort und Lebensraumfunktion für die biologische Vielfalt durch Forschungsaktivitäten nicht signifikant beeinflusst werden. Eine gute Koordinierung und Lenkung der Forschung ist deshalb wichtig.

Nur ganz besondere Flecken dieser Erde können Weltnaturerbe werden. Der Grumsin hat mit seinem Buchenwald diese Anerkennung erlangt. Grundlage dafür war der Vergleich dieses Buchenwaldes mit allen anderen in Deutschland und darüber hinaus in Europa und der Welt vorkommenden Buchenwäldern (Lenkungsgruppe der Länder 2009). Ein Hauptaspekt des Nominierungserfolges war, dass der Grumsin viele Facetten der nacheiszeitlichen Besiedlungsgeschichte großer Teile Europas durch die Buche in einmaliger Weise widerspiegelt. Um diese Einmaligkeit benennen und beschreiben zu können, wird ökosystemares Wissen benötigt. Die Wissenschaft hilft, dieses Wissen bereitzustellen.

Der Grumsin unterscheidet sich durch seine große Nährstoffspanne mit überwiegend mittlerer Basenversorgung von den anderen Buchenwald-Weltnaturerbeflächen im nordostdeutschen Tiefland. Der Waldmeister-Buchenwald (Galio odorati-Fagetum) ist die vorherrschende Buchenwaldgesellschaft im Grumsin. Das Weltnaturerbe-Teilgebiet Serrahn gehört überwiegend zum basenärmeren bodensauren Buchenwald (Luzulo-Fagetum; Spieß & Wernicke 2013) und das Weltnaturerbe-Teilgebiet Jasmund weist basenreiche Buchenwälder auf (Hordelymo-Fagetum, teilweise Carici-Fagetum; Lenkungsgruppe der Länder 2009). Dieses grundlegende Wissen, das für die Auswahl der Wälder für die deutschen Buchen-Weltnaturerbeflächen nötig war, ergab sich durch die wissenschaftliche Forschung.

Aus der Klimatologie wissen wir, dass es im Grumsin einen mittleren Jahresniederschlag von 540 mm gibt, wobei die Westseite mehr Niederschlag als die Ostseite erhält. Dass die bewegte Topographie, die Hügel und Täler mit ihren Seen, einen Teil der Endmoränenlandschaft darstellt, hat die physische Geographie erst vor wenigen Jahrzehnten herausgefunden (Liedtke & Marcinek 2002). Historiker konnten aufzeigen, dass die Buchenwälder Grumsin und Serrahn ihre Größe und Buchendominanz der Nutzung als Staatsjagdgebiete verdanken (Luthardt et al. 2004). Eine genauere Beschreibung der Nährstoffausstattung der Waldstandorte wurde über die Erfassung der Vegetation des Grumsin möglich (Schäfer & Hornschuch 1998). Dass der Grumsin in großen Teilen ein alter Waldstandort ist, wissen wir durch die Arbeiten von Pagel (1970), Schäfer & Hornschuch (1998) und Glaser & Hauke (2004; siehe S. 56 ff.). Die Charakterisierung des Grumsin ist somit nur aufgrund von wissenschaftlichen Erkenntnissen und detaillierten Forschungsergebnissen möglich.

Die Erforschung der Entwicklung vom Wirtschaftswald zum sekundären Urwald

Die wissenschaftliche Forschung stellt nicht nur Grundwissen über den Buchenwald Grumsin im Vergleich zu den anderen Welterbe-Teilgebieten und den südbaltischen Tieflandbuchenwäldern insgesamt zur Verfügung; vielmehr kann auch die zeitliche Entwicklung des Waldbestandes dokumentiert, interpretiert und dargestellt werden.

Ergebnisbeispiel 1

Zu den Waldentwicklungsphasen gehören die Verjüngungs-, Initial-, frühe, mittlere und späte Optimal-, Terminal- und Zerfallsphase sowie Lücken. Jede dieser acht Möglichkeiten kann in einem Hektar mehrfach vorkommen. Es wird deutlich, dass der Grumsin mit etwa fünf im Jahre 2002 nachgewiesenen Waldentwicklungsphasen-Patches nur etwa ein Viertel der Patchanzahl von langfristig unbewirtschafteten Buchenwäldern des nordostdeutschen Tieflandes und von albanischen Urwäldern aufweist.

Die westlichere der beiden genannten Untersuchungsflächen soll im Jahr 2016 als Naturwaldreservat „Kranzsche Buchen" ausgewiesen und als Daueruntersuchungsfläche in die Naturwaldforschung des Landeskompetenzzentrums Forst Eberswalde aufgenommen werden.

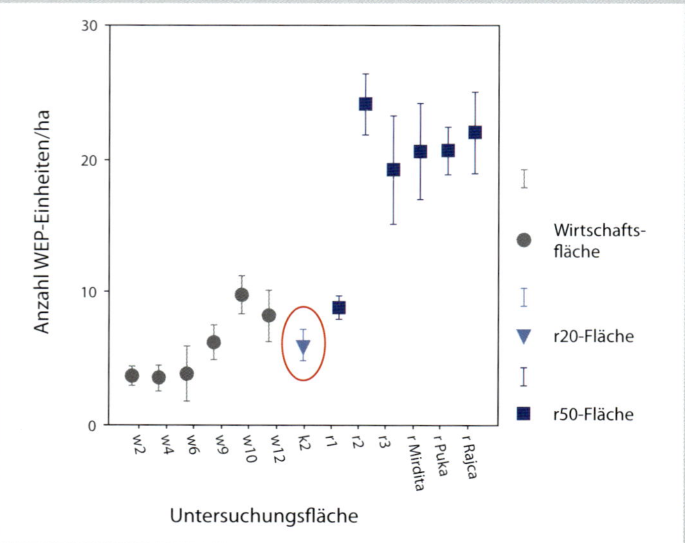

Kleinteiligkeit des Waldmosaiks: Anzahl der Waldentwicklungsphasen-Patches pro ha in 6 Wirtschaftswäldern, im Grumsin (rotes Oval, k2), in den alten Naturwaldreservaten Serrahn r1, Heilige Hallen r2 und Fauler Ort r3 sowie zum Vergleich in drei albanischen Buchennaturwäldern (ganz rechts; aus: Winter 2005).

In einem anderen, mehr südlich gelegenen Teil des Grumsin hat außerdem das Senckenberg Deutsche Entomologische Institut seit Mitte der 1990er Jahre Inventarisierungsfänge von Insekten vor allem mit Malaise-Fallen vorgenommen (siehe Abb. auf S. 66). Ein Team von 20 Wissenschaftlern konnte im Grumsin bei diesen Untersuchungen bereits 754 Insektenarten bestimmen. Das umfangreiche Fangmaterial harrt allerdings noch einer systematischen zusammenfassenden Auswertung. Immerhin wurde festgestellt, dass bei den Fängen im Grumsin mehrere neue, bisher von der Wissenschaft nicht beschriebene Trauermücken-Arten gefunden wurden!

Der Grumsin, der zum Zeitpunkt seiner Ausweisung als Kernzone des Biosphärenreservates Schorfheide-Chorin noch voll und ganz einem Wirtschaftswald in der „Optimalphase" entsprach, bietet nun die große Chance, die Entwicklung vom Wirtschaftswald zum Naturwald fast von Beginn an zu verfolgen. In allen anderen älteren Naturwaldreservaten Nordostdeutschlands (die herausragendsten sind der Faule Ort, die Heiligen Hallen und Serrahn) fehlen vergleichbare und standardisiert erhobene Daten, die den Ausgangszustand als Wirtschaftswald zu Beginn der Entwicklung zum sekundären Naturwald präzise anhand von festgelegten Monitoringflächen beschreiben. Im Grumsin ist dies immerhin 10–15 Jahre nach Einstellung der Bewirtschaftung gelungen: Es liegen Vegetationsuntersuchungen aus der Mitte der 1990er Jahre von Schäfer & Hornschuch (1998) sowie Erhebungen im

Rahmen des Forschungs- und Entwicklungsvorhabens „Biologische Vielfalt und Forstwirtschaft – Naturschutzstandards für die Bewirtschaftung von Buchenwäldern im nordostdeutschen Tiefland", kurz „Buchenwaldprojekt", für den Zeitraum 1999–2002 (Winter et al. 2003, Winter 2005) vor. Waldvegetation einschließlich Moose, Waldstruktur, Waldentwicklungsphasen, Totholz, Mikrohabitate, Pilzflora, Brutvögel, Säugetiere, Holzinsekten und Laufkäfer sind standardisiert erfasst und beschrieben worden (Winter et al. 2003, Winter 2005, Schumacher 2006, Winter & Möller 2008). Für viele Parameter sind die Entwicklungen bis 2012/2013 durch Wiederholungsaufnahmen dokumentiert (Rokitte 2012, Begehold et al. 2015, Begehold et al. 2016, Winter et al. 2015).

Grundlage der Untersuchungen sind vor allem zwei jeweils etwa 40 ha große Untersuchungsflächen. Auf diesen Flächen wurden die Waldentwicklungsphasen (Winter 2005, Begehold et al. 2016) und die Vogelgemeinschaft (vgl. S. 92 ff.; Schumacher 2006, Begehold et al. 2015a) sowie in je etwa 20 Probekreisen die Waldstruktur (Winter 2005), die Mikrohabitate an Bäumen (siehe S. 75 f.; Winter 2005) sowie in fünf Probekreisen die holzbewohnenden Käfer (siehe S. 111–113), die Pilze sowie die meist am Boden vorkommenden Laufkäfer (Winter 2005) erfasst.

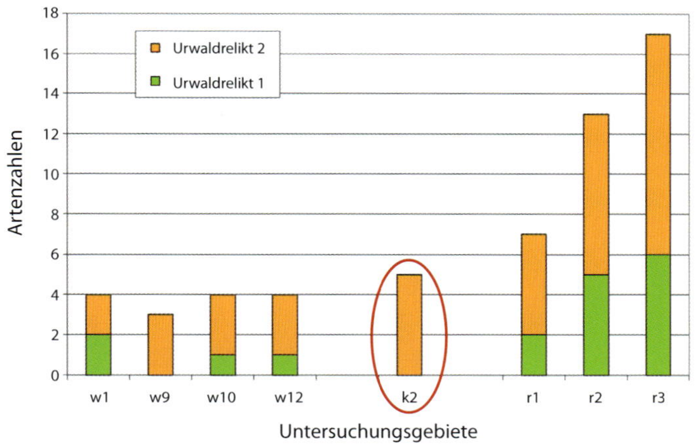

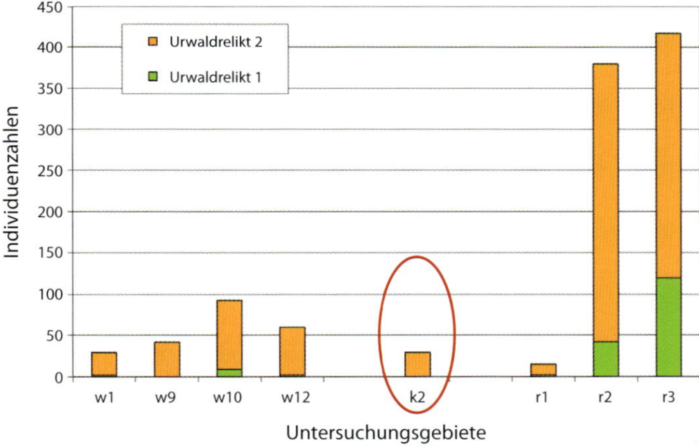

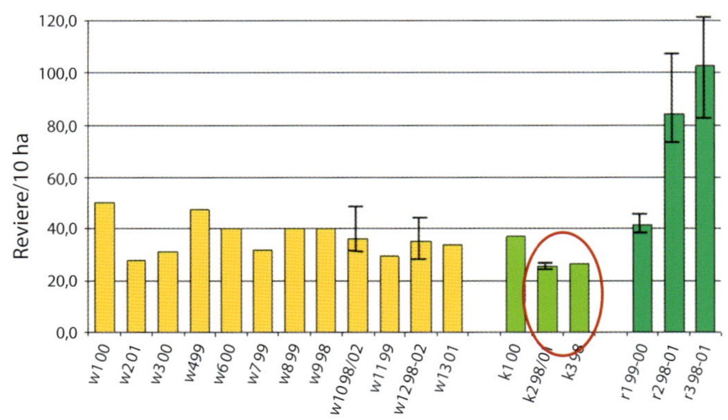

Obere zwei Abbildungen: Vorkommen von „Urwaldreliktarten" unter den holzbewohnenden Käfern im Grumsin (k2) im Vergleich mit vier Wirtschaftswäldern (w1, w9, w10, w12) sowie den Naturwaldreservaten Serrahn (r1), Heilige Hallen (r2) und Fauler Ort (r3; Winter et al. 2003).

Unten: Siedlungsdichte der Brutvögel im Grumsin (k2, k3) in den Jahren 1998 und 2001 im Vergleich mit 12 Wirtschaftswäldern (w1–w13) sowie den alten Naturwaldreservaten Serrahn (r1), Heilige Hallen (r2) und Fauler Ort (r3; aus: Schumacher 2006).

Ergebnisbeispiel 2

Zehn Jahre nach der Erstaufnahme in den Jahren 2001/02 wurden die Waldstrukturen und Totholzvorräte im Grumsin erneut erfasst (Rokitte 2012). Im Vergleich konnten deutliche Veränderungen festgestellt werden. Die Totholzmengen des Grumsin lagen im Jahr 2001 mit etwa 10 m³/ha sehr niedrig. In vielen Wirtschaftswäldern kam 2001 mehr Totholz vor. Die Wirtschaftswälder, wie auch der Grumsin, wiesen im Durchschnitt nur etwa ein Zehntel bis ein Zwanzigstel des Totholzes der langfristig unbewirtschafteten Wälder Serrahn, Fauler Ort und Heilige Hallen auf (Abb. unten links). Die Wiederholungsuntersuchung zeigte nun, dass sich die Menge liegenden Totholzes im Grumsin innerhalb von 10 Jahren verdoppelt, die des stehenden Totholzes mehr als verzehnfacht und die Gesamttotholzmenge mehr als verdreifacht hat (Abb. unten rechts). Das Volumen der Stubben hat dagegen abgenommen. Der Vorrat des lebenden Bestandes hat im selben Zeitraum von 628 auf 684 m³/ha sowie die Anzahl an Baumriesen (>80 cm Brusthöhendurchmesser) von 4,7 auf 10,0 pro ha zugenommen (Rokitte 2012).

Auch bei den Waldentwicklungsphasen und Brutvögeln liegen inzwischen Wiederholungsaufnahmen in einem Abstand von 10–12 Jahren vor (siehe S. 92 ff.). Entsprechende Wiederholungsaufnahmen der Vegetation und der holzbewohnenden Käfer (siehe S. 111–113) befinden sich derzeit in der abschließenden Analyse.

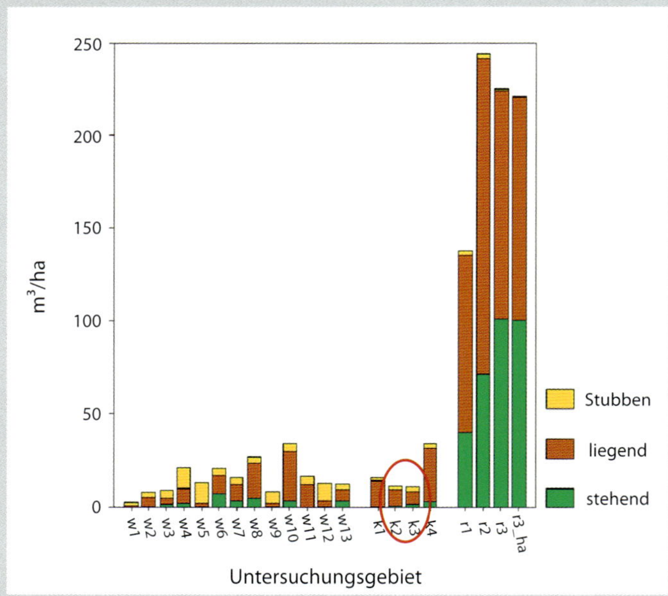

Vergleich der Totholzvorräte des Grumsin (k2 und k3, rotes Oval) im Jahr 2001 mit denen von Buchenwirtschaftswäldern (w1–w13) und alten Naturwaldreservaten (r1–r3) der Region (aus: Winter et al. 2003).

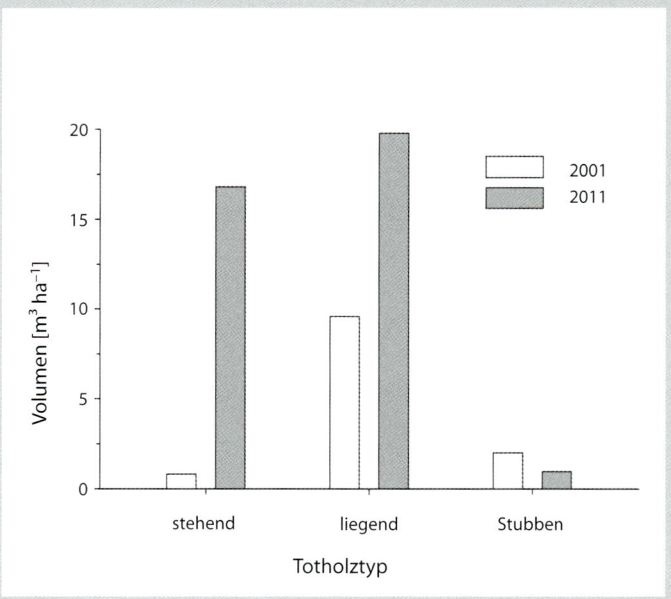

Zunahme des Totholzvorrates im Grumsin im Zeitraum 2001 bis 2011 (34 Probekreise à 500 m², Rokitte 2012).

Was können wir aus dieser Forschung für die Bewirtschaftung von Buchenwäldern lernen?

Buchenwälder sind am nordöstlichen Rand ihrer Verbreitung trotz der natürlich bedingten geringen Jahresniederschläge sowie der laufenden anthropogenen Klimaveränderung weiterhin vital. Überraschend waren die erheblichen Veränderungen der Waldstruktur innerhalb eines Zeitraumes von nur 10–12 Jahren, die durch die zwei Monitoringerfassungen dokumentiert wurden. Seit 2003 sind punktuell Kronenlücken entstanden, in denen sich Verjüngungsinseln entwickelt haben. Aus dem Hallenwaldstadium heraus entstehen zunehmend kleinräumige Strukturen (siehe S. 60–63 und die Abb. rechts). Sowohl die Totholzmenge als auch die Anzahl starker Altbäume mit über 80 cm Brusthöhendurchmesser haben in den letzten Jahren, nach 20–25 Jahren Wirtschaftsruhe, die Wertespanne der vergleichend untersuchten Wirtschaftswälder in Richtung Naturwald überschritten. Im August 2014 verursachte zudem ein heftiger Gewittersturm größere Windwürfe im nordwestlichen Teil des Grumsin. Das führte noch einmal zu einem sprunghaften Anstieg der Naturwaldstrukturen. Daraus kann man schließen, dass ein bewirtschafteter Buchen-Hallenwald in der Optimalphase eine Jahrzehnte dauernde Bewirtschaftungsruhe braucht, um sich von Wirtschaftswäldern zu unterscheiden. Die Weltnaturerbefläche Serrahn weist nach 50–60 Jahren Wirtschaftsruhe deutlichere Tendenzen hinsichtlich der Naturwaldstrukturen als der Grumsin auf. Die Zukunft wird zeigen, wie viele Jahrzehnte der ungestörten Entwicklung noch notwendig sind, bis sich der Grumsin zu einem sekundären Urwald mit einem Fließgleichgewicht der Waldstrukturen (Muster und Verteilung der Waldentwicklungsphasen, Altersklassenverteilung der Bäume, Mikrohabitate, Totholzvorrat) und der Biodiversität entwickelt haben wird. Im Rahmen einer naturnahen Bewirtschaftung lassen sich naturnahe Prozesse über die Schaffung dauerwaldartiger Strukturen mit einem engen räumlichen Nebeneinander aller Waldentwicklungsphasen nachahmen. Auch die Totholzmenge lässt sich durch gezieltes Belassen relativ schnell erhöhen. Die Bedeutung des Grumsin als – für norddeutsche Verhältnisse – große und unzerschnittene Referenzfläche, anhand derer die Wirtschaftswälder in ihrer Ausstattung gemessen werden können, wird mit der Dauer der Bewirtschaftungsruhe immer mehr zunehmen. Die natürliche, unbeeinflusste Ausdifferenzierung der horizontalen und vertikalen Waldstrukturen im Grumsin kann beobachtet werden, um daraus für die entsprechende Bestandsführung in Wirtschaftswäldern vergleichbarer Standorte zu lernen.

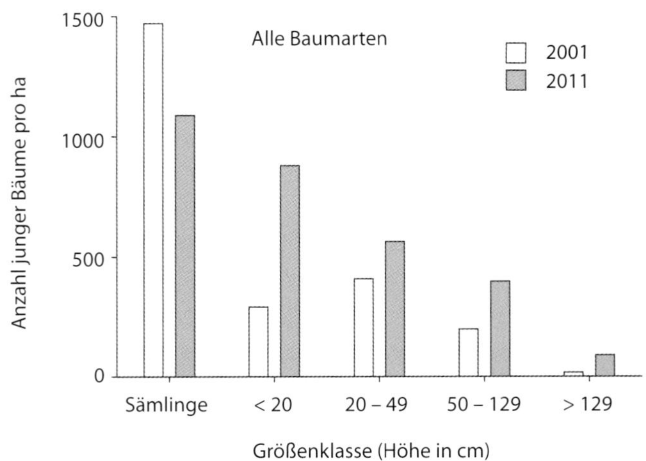

Baumverjüngung im Grumsin im Jahr 2011 im Vergleich zu 2001 (34 Probekreise à 500 m^2). Die Zahl der Sämlinge pro ha hat abgenommen, die Zahl der übrigen Verjüngungsklassen aber wesentlich zugenommen. Insbesondere hat sich eine ausgeglichenere Verteilung über die verschiedenen Größenklassen entwickelt (Rokitte 2012). Daraus ist abzuleiten, dass derzeit der Verbiss durch Schalenwild einer erfolgreichen Verjüngung der Waldbestände nicht entgegensteht.

Zunderschwammbuche: Der Zunderschwamm (*Fomes fomentarius*) besiedelt noch lebende, aber geschwächte Buchen. Als Weißfäule-Erreger sorgt er für ein relativ schnelles Absterben und Abbrechen des Stammes, sodass ein typisches Ensemble aus Hochstumpf und liegendem Stamm entsteht. Die Fruchtkörper des Zunderschwamms und das weißfaule Holz werden von sehr vielen Insektenarten besiedelt (Foto: H. Begehold).

Ersatzkronenbaum: Bei Stammbruch am lebenden Baum kann sich aus darunter ansetzenden Ästen eine Ersatzkrone bilden. Es entsteht so ein kontinuierlicher Übergang von noch lebenden, durch den Assimilatstrom versorgten und durchfeuchteten Stammpartien bis zu frei stehenden, oft besonnten, komplett ausgetrockneten Totholzkörpern. Ersatzkronenbäume weisen deshalb eine besonders reichhaltige und sehr spezielle Pilzflora und Insektenfauna auf (Foto: H. Begehold).

Mit Efeu überrankte Kletterpflanzenbuche mit abstehenden, seitwärts und nach unten geöffneten Rindentaschen. Im Kletterpflanzendickicht können Vögel wie Zaunkönig, Schwanzmeise, Grauschnäpper oder Mönchsgrasmücke brüten. In nach oben oder seitlich geöffneten Rindentaschen nisten Garten- und Waldbaumläufer, und in nach unten geöffneten Rindentaschen haben Fledermäuse wie z. B. die Mopsfledermaus (*Barbastella barbastellus*) ihre Wochenstuben (Foto: M. Flade).

Buche mit Wassertöpfen (Dendrotelme), die sich an überwallten Ausriss- oder Sägestellen von tief ansetzenden Steilästen oder Zwieseln gebildet haben. In und an diesen „Kleinstgewässern" leben hochspezialisierte Moose (z. B. Gewöhnliches Igelhaubenmoos *Metzgeria furcata*), Schwebfliegen (z. B. Totenkopfschwebfliege *Myathropa florea*, Hummelschwebfliege *Mallota fuciformis*) oder Mücken (z. B. *Anopheles plumbeus*; Foto: B. Blahy).

Der Grumsin eignet sich in besonderer Weise zur Beobachtung der Auswirkungen des Klimawandels auf Buchenwälder am Rande ihres Verbreitungsgebietes, auch im Vergleich zu bewirtschafteten Wäldern der gleichen Region und ähnlichen klimatischen Verhältnissen. Das begonnene Monitoring sollte deshalb unbedingt fortgeführt werden. Auch die Effekte der Ausweisung als Weltnaturerbe sind wissenschaftlich interessant. Beeinflussen der zunehmende Tourismus, die Beunruhigung durch Besucher, Forschungsaktivitäten usw. den zuvor fast vergessenen, kaum besuchten Wald? Ist die neueste Entwicklung für den Buchenwald und seine ihn umgebende Endmoränenlandschaft nachteilig bzw. wie könnten die Beeinträchtigungen gering gehalten werden? Eine weitere Forschung könnte auch diese Fragen beantworten.

Mikrohabitate als Kennzeichen der Naturwaldentwicklung im Grumsin

Ein großer Teil der in unseren Buchenwäldern vorkommenden Tiere, Pflanzen und Pilze lebt im Verborgenen: in Baumhöhlen und -spalten, im Kronenraum, im Totholz oder in Moospolstern. Zudem sind viele Tierarten nachtaktiv, sodass ihre Bestimmung und Erfassung zeitlich sehr aufwendig ist und Spezialkenntnisse erfordert. Jedoch lassen sich die Lebensraumansprüche der Pilze, Käfer, Schwebfliegen, Faulholzmotten, Vögel, Fledermäuse usw. klassifizieren und auf bestimmte Einzelbaumstrukturen beziehen – die sogenannten Mikrohabitate.

Grundidee der Beschreibung von Mikrohabitaten ist es, dass die klar erkennbaren Strukturen die daran gebundenen Lebensgemeinschaften repräsentieren. Ihre großflächige Kartierung kann die zahlreichen daran gebundenen Arten und das Besiedlungspotenzial für diese Artengruppen bis zu einem gewissen Grad abbilden.

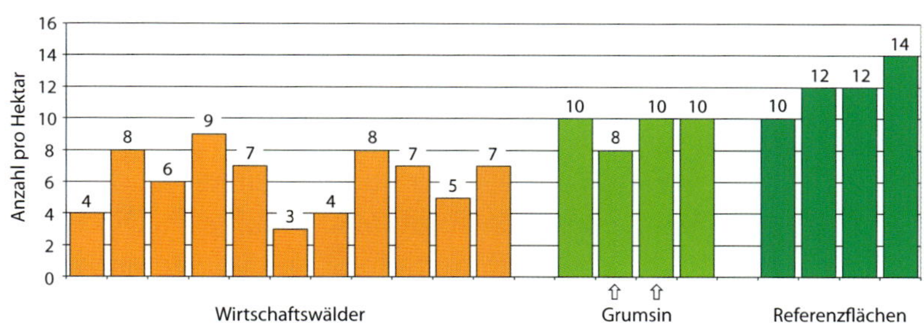

Anzahl an Mikrohabitat-Typen pro ha in 11 Wirtschaftswäldern, vier seit 20–30 Jahren unbewirtschafteten (hellgrün) sowie vier seit 60 bis über 100 Jahren unbewirtschafteten Buchenwäldern Nordostdeutschlands. Die Werte des Grumsin liegen bereits leicht über denen der Wirtschaftswälder (Quelle: S. Winter, eigene Daten).

Für Tieflandbuchenwälder sind bisher 25 Mikrohabitate beschrieben und auch im Grumsin auf zwei je 40 ha großen Untersuchungsflächen erfasst worden (Winter & Möller 2008, Winter et al. 2003, 2015a, b). Sie lassen sich in Pilzbäume (3 Mikrohabitate), Kronen- und Stammbruchbäume (3), Risse, Spalten und Schürfstellen (3), Höhlenbäume (5),

	Wirtschaftswälder	Grumsin 2001	Grumsin 2012	Langfristig unbewirtschaftete Referenzwälder
Mikrohabitattypen pro Untersuchungsgebiet	9–12	12	12,5	15–20
Mikrohabitatbäume pro ha	5–8	11	9	30–40
Summe einzelner Mikrohabitate pro ha (gerundet)	25–125	55–100	50–70	190–320

Dichte von Mikrohabitaten im Weltnaturerbe Grumsin (zwei Flächen mit je ca. 40 ha) im Vergleich zu neun Wirtschaftswäldern in Nord-Brandenburg und Süd-Mecklenburg und zu den langfristig nicht bewirtschafteten Buchenwaldreservaten Serrahn (>50 Jahre nutzungsfrei), Fauler Ort und Heilige Hallen (>100 Jahre nutzungsfrei; Quelle: S. Winter, eigene Daten).

Rindentaschen (2), besondere Einzelbäume (4) und erdgebundene Strukturen wie Großsteine, aufrechte Wurzelteller u. a. (5) einteilen.
Je naturnäher, älter und „wilder" unsere Buchenwälder sind, desto höher ist die Dichte von Mikrohabitaten. Die Habitatausstattung des Grumsin befindet sich derzeit noch im Bereich der Wirtschaftswälder; wegen der steigenden Anzahl von Mikrohabitatbäumen befindet sich der Grumsin jedoch im Übergang zur Habitatstruktur unbewirtschafteten Waldes. Seit über 100 Jahren unbewirtschaftete Waldreservate weisen derzeit etwa drei- bis viermal so viele Mikrohabitate wie der Grumsin auf (siehe Tabelle S. 75).

Laubholz-Harzporling an einer Buche (Foto: B. Blahy).

Pilze als Zeugen und Indikatoren der Waldentwicklung

Matthias Lüderitz

Großpilze können in vielerlei Hinsicht wertvolle Indikatoren in unseren Wäldern sein. Ubiquitäre (überall vorkommende) Arten und Störzeiger wie der Kahle Krempling (*Paxillus involutus*) oder der Dickschalige Kartoffelbovist (*Scleroderma citrinum*) können, besonders wenn sie in großen Massen auftreten und die Pilzflora ansonsten artenarm ist, in basenreicheren Buchenwäldern oberflächlich versauerte und stickstoffbelastete Standorte anzeigen, deren Ökologie stark aus dem Gleichgewicht geraten ist.
Andere Arten dagegen zeigen uns alte Waldstandorte mit langer Kontinuität der ökologischen Bedingungen sowie der Bewaldung und Baumartenzusammensetzung an (Kontinuitätszeiger) oder indizieren, unabhängig vom absoluten Bestandsalter, einen hohen Grad an Naturnähe (Naturnähezeiger). Besonders hochwertige Naturnähezeiger sind die sogenannten Urwald- oder Urwaldreliktarten, die Eigenschaften der Kontinuitäts- und der Naturnähezeiger miteinander verbinden. Pilzarten, die zu dieser Gruppe gehören, sind in unseren stark anthropogen geprägten mitteleuropäischen Buchenwäldern kaum noch oder nur in schwer zugänglichen Lagen (z. B. steilen Bachschluchten) zu finden. Kontinuitätszeiger sind fast ausschließlich terricole (im/am Boden wachsende) Pilzarten, deren Myzele im Boden theoretisch immer weiter wachsen können, sofern nicht menschliche Eingriffe, klimatische Veränderungen oder Naturkatastrophen das Wachstum beenden. Es gibt eine ganze Reihe von Pilzarten, die heutzutage nur noch aus reliktischen Myzelen im Boden Fruchtkörper bilden und unter den heutigen Umwelt- und Klimabedingungen keine neuen Standorte erobern können. Arten dieser Gruppe sind die einzigen Organismen, die eine direkte Altersbestimmung von Standorten (Dauer der ökologischen

Der Igel-Stäubling (*Lycoperdon echinatum*) ist eine gute Signalart für artenreiche, bodenfrische und kalkhaltige Buchen- und Laubwaldstandorte mit relativ langer ökologischer Kontinuität und reicher Geophytenflora. Er kommt im Grumsin vor allem in steileren Unterhanglagen in Seenähe vor.

Der Grünblättrige Zwergschirmling (*Melanophyllum eyrei*) ist in Europa extrem selten und einer der wenigen hochwertigen Kontinuitätszeiger im Grumsin. Aus Deutschland sind nur etwa ein Dutzend Standorte bekannt! Typische Biotope sind feuchte Erlen-Eschen-Bestände mit langwährender Kontinuität. Die Art wurde im Grumsin in einem sickerfeuchten Unterhangbereich nahe eines Seeufers gefunden.

Der Spatelförmige Muscheling (*Hohenbuehelia petaloides*) ist ein rein lignicol-saprophytischer Pilz an liegenden, meist bemoosten Stämmen und Dickästen, bevorzugt von Rotbuche in der späten Optimalphase bis in die Finalphase der Vermorschung. Er bevorzugt sehr naturnahe, luft- und bodenfeuchte Lagen mit hohem Totholzangebot. Er ist ein Naturnähezeiger und einer der wenigen lignicolen Kontinuitätszeiger. Der Pilz ist nach Heilmann-Clausen & Christensen (2004) ein Indikator für besonders wertvolle Buchenwald-Biotope, ein Zeiger für sehr naturnahe Buchenwälder, insbesondere sehr luftfeuchter, moosreicher Bestände mit hohem Altbaumbestand. Er signalisiert Standorte mit langer Kontinuität der Buchen-Bestockung, insbesondere mit Altbuchen (Fotos: M. Lüderitz).

Kontinuität) zulassen. Aus dem Durchmesser von Hexenringen und ähnlichen Wachstumsstrukturen kann man auf das absolute Alter schließen, da man den jährlichen Zuwachs kennt oder abschätzen kann.

Naturnähezeiger können dagegen auch lignicole (holzbewohnende) Pilzarten sein, deren Myzele in der Regel nur so lange existieren, bis das entsprechende Totholzsubstrat aufgebraucht ist, sofern nicht neue Holzsubstrate im direkten Umfeld zur Verfügung stehen.

Für den Praktiker in Forst und Naturschutz sind die sogenannten Signalarten von besonderer Bedeutung. Es handelt sich dabei um „aggregierende Zeigerarten“, die einerseits auffällig, leicht erkennbar und mit Übung schon im Feld ansprechbar sind, andererseits das Vorkommen vieler weiterer seltener und gefährdeter Arten (auch aus anderen Organismengruppen) am Fundort anzeigen. Nicht selten lassen sich mit den pilzlichen Signalarten (insbesondere, wenn am Fundort mehrere Arten vorkommen) direkt kleinräumige „Hotspots der Artenvielfalt“ im Gelände erkennen.

Der Grumsin nimmt aus pilzkundlicher Sicht eine mittlere Wertigkeit ein. Zwar gibt es in vielen Bereichen interessante und zum Teil seltene Naturnähezeiger, jedoch ist die Ausstattung mit Kontinuitätszeigern als eher schlecht anzusehen. Die ökologische Kontinuität wurde wahrscheinlich durch nivellierende forstliche Eingriffe in der Nachkriegszeit nachhaltig unterbrochen, sodass wirklich alte Waldstandorte wohl nur noch in dauerhaften Feuchtbereichen und steilen Hanglagen zu finden sind.

Indikator-Artengruppe	Indikation	Beispielarten im Grumsin
Störzeiger	anthropogene Einflüsse: Stickstoff-Eintrag, Versauerung, Bodenverdichtung, Walddüngung, Waldkalkung …	Kahler Krempling, Dickschaliger Kartoffelbovist, Ockertäubling
Signalarten	artenreiche Standorte, Hotspots	Igel-Stäubling
Kontinuitätszeiger	alte Waldstandorte, langwährende Bestockungskontinuität	Grünblättriger Zwergschirmling, Spatelförmiger Muscheling
Naturnähezeiger	hoher Grad an Naturnähe	Spatelförmiger Muscheling
Arten mit Reliktmyzelen	Dauer- oder Primärwaldzeiger	*keine Arten im Grumsin*

Pilzartengruppen, die als Indikatoren der Waldentwicklung im Grumsin zur Verfügung stehen (Quelle: M. Lüderitz).

Die Flora des Grumsin

Beate Blahy

Insgesamt sind im Grumsin 349 Höhere Pflanzenarten nachgewiesen (Luthardt et al. 2004). 17 % der vorkommenden Arten sind Arten der Roten Liste Brandenburgs, 24 Arten stehen auch auf der Roten Liste der Bundesrepublik. Bemerkenswerte Vorkommen von Blasenbinse (*Scheuchzeria palustris*), Sumpf-Calla (*Calla palustris*), Sumpfporst (*Ledum palustre*), Natternzunge (*Ophioglossum vulgatum*), Schlammsegge (*Carex limosa*) und Königsfarn (*Osmunda regalis*) verdanken ihr Vorkommen der engen Verzahnung von Feuchtlebensräumen mit dem Wald. Sie gedeihen in den Mooren und Erlenbrüchen des Grumsin.

Die Krautschicht des Grumsin zeigt je nach Jahreszeit ein unterschiedliches Bild. Die ersten Pflanzen im Jahr sind die Frühjahrsgeophyten, die mit ihren Speicherorganen den Winter unterirdisch überdauern. Sie erscheinen im zeitigen Frühjahr noch vor dem Laubaustrieb und nutzen das noch üppig den Boden erreichende Sonnenlicht. Eine der typischsten Pflanzen des Laubwaldes sind die gelb und weiß blühenden Buschwindröschen (*Anemone ranunculoides* und *A. nemorosa*), die neben dem Scharbockskraut (*Ficaria verna L.*) zeitig im Frühjahr blühen und stellenweise die dicke Schicht des braunen, vorjährigen Laubes durchbrechen. Ihre stark geschlitzten Blätter verraten ihre Zugehörigkeit zur Familie der Hahnenfüße. Sie sind giftig, wie auch viele andere Vertreter ihrer Familie. Buschwindröschen sind bekannt für ihre weithin leuchtenden weißen Blütenteppiche, die sich im Frühling unter kahlen Bäumen als ausgedehnte prachtvolle Teppiche ausbreiten. Im Grumsin treten sie nicht sehr ausgeprägt auf. Nur spärlich zeigen sich kleine Tuffs von Anemonen, oft in Baumnähe. Die Annahme, dass der über viele Jahrzehnte unnatürlich hohe Wildbestand zu diesem ausgedünnten Bewuchs geführt hat, scheint sich zu bestätigen. Vermutlich als Folge des konsequenten Wildtiermanagements durch den Förderverein des Biosphärenreservates wurden die Blütentuffs in den vergangenen Jahren größer, und man kann den hübschen Frühlingskündern zunehmend häufiger begegnen.

Auch das Scharbockskraut (*Ficaria verna*) blüht im Frühling. Sein glänzendes Laub mit den herzförmigen, gekerbten Blättern kriecht an langen Stängeln über den Boden. Die leuchtend gelben Blüten, deren Blütenblätter ebenfalls glänzen, bieten von März bis Mai gute erste Insektennahrung. Der Scharbock gehört ebenfalls in die Familie der Hahnenfußgewächse und ist ein Frühlingsgeophyt. Schon Ende

Seite 80: Ein früher Schmuck des Laubwaldes nach dem Winter sind die Blütenteppiche der Anemonen, hier das Weiße und Gelbe Buschwindröschen (*Anemone nemorosa*, *A. ranunculoides*; Foto: H. Begehold).

Blütenstand der Sumpf-Calla (*Caltha palustris*; Foto: M. Rzanny).

Oft vergesellschaftet und gleichzeitig blühend: Scharbock (*Ficaria verna*) und Weißes Buschwindröschen (*Anemone nemorosa*; Foto: H. Begehold).

Der Waldmeister (*Galium odoratum*) dringt im Frühling aus dem Erdreich durch die Laubschicht und bildet oft größere Tuffs (Foto: B. Blahy).

Mai ist er wieder verschwunden. Diese Pflanze hat unseren Vorfahren nicht selten die Gesundheit gerettet, ihr Name deutet darauf hin: Scharbock ist ein altes Wort für Skorbut. Die frühen Blättchen des Scharbock wurden gegessen, um den Vitamin-C-Mangel des langen Winters zu beheben.

Ebenfalls zeitig im April treibt der Waldmeister (*Galium odoratum*) aus seinen unterirdisch überdauernden Rhizomen frisch aus, seine quirlständigen Blättchen, leicht glänzend, dunkelgrün und schmal-elliptisch, erscheinen an kantigem Stängel. Die weißen, vierzipfligen Blütchen an den Spitzen der Triebe bringen ein helles Leuchten in den Wald. Auch er enthält Giftstoffe (Cumarin). Trotzdem ist er wegen seiner aromatisierenden Wirkung in der traditionellen Waldmeisterbowle überaus beliebt. Im Grumsin wächst der Waldmeister ungestört und bildet an manchen Flecken je nach Untergrund und Feuchtegrad ausgedehnte Bestände. Waldmeister wird als Würzpflanze, als Mottenmittel, als Volksarzneipflanze und in der Homöopathie eingesetzt. Seine Wirkungen sind gefäßerweiternd, entzündungshemmend und krampflösend.

Eine besondere Kostbarkeit des Grumsin ist das Bleiche Waldvögelein (*Cephalanthera damasonium*), das Ende Mai mit traubigem Blütenstand erscheint. Nur an wenigen Orten kann man es antreffen. Ohnehin nur punktuell wachsend und wenig ausbreitungsstark, hat es besondere Ansprüche an seine Umwelt. Kalkfreie Böden meidet es, Konkurrenz durch schneller und höher wachsende Pflanzen erträgt es nicht. Das Waldvögelein ist eine unserer hei-

Eine der Kostbarkeiten im Grumsin: das Bleiche Waldvögelein (*Cephalanthera damasonium*; Foto: H. Richter).

Prachtvoll und ins Auge fallend: die Wedel des Wurmfarns (*Dryopteris filix-mas*; Foto: B. Lammel).

mischen Orchideen, die allesamt unter besonderem Schutz stehen. Es ist zwingend auf Partner angewiesen, da es als Halbschmarotzer sein Chlorophyll und auch pflanzenverfügbaren Kohlenstoff von seinen Wurzelpilzen bezieht, u.a. durch die Mykorrhizapilze der Rotbuche. Dadurch ist das Bleiche Waldvögelein nicht auf Sonnenlicht angewiesen, um Chlorophyll zu bilden. Es bedient sich bei den Wirtsbäumen und kann so auch gut in schattigen Lagen gedeihen. Den Namen hat die kleine Orchidee – sie wird nur 30 bis 40, selten auch 60 cm hoch – von ihrer weißen bis mitunter gelblichen Blütenfarbe und durch ihre zarte, an ein helles Vögelchen erinnernde Gestalt.

Eine weitere Pflanze, die in Buchenwäldern auf lockerem, humosem Boden häufig wächst, ist im Grumsin nicht sehr verbreitet: das Zweiblättrige Schattenblümchen (*Maianthemum bifolium*). Das mit nur zwei großen, ovalen Blättern ausgestattete Pflänzchen, das etwa zehn bis 15 cm hoch wird, kommt im Grumsin in kleineren, verstreut liegenden Gruppen vor. Die Gruppenbildung ist der vegetativen Vermehrung geschuldet: Die unterirdischen Sprossen kriechen voran und treiben neue Stängel nach oben, sodass sie dicht beieinander stehen. Schattenblümchen sind bescheiden, was den Anspruch an Besonnung angeht, und sind auch in den Sommermonaten anzutreffen. Aus den wohlriechenden, kleinen weißen Blüten reifen rote Beeren, die nicht mit Preiselbeeren verwechselt werden sollten, denn sie sind so giftig wie die ganze Pflanze.

Blühendes Buschwindröschen (obere Reihe links, *Anemone nemorosa*; Foto: H. Begehold), Hohler Lerchensporn (obere Reihe Mitte, *Corydalis cava*; Foto: J. Hesse) und Leberblümchen (obere Reihe rechts, *Hepatica nobilis*, Foto: H. Begehold) sind selten im Grumsin.

Auch das Lungenkraut (unten links, *Pulmonaria officinalis*; Foto: H. Begehold) oder der Waldsauerklee (unten rechts, *Oxalis acetosella*; Foto: H. Richter) finden sich nicht sehr häufig, sie suchen offenere, halbschattige Plätze.

Häufig, oft entlang der Wege wachsend, begegnet dem Wanderer das Kleinblütige Springkraut (*Impatiens parviflora*), das Massenbestände bildet, wenn seine nur geringen Lebensraumansprüche erfüllt werden. Es nimmt mit schattigen Standorten vorlieb und kann damit viel Raum besetzen, der anderen Pflanzen nicht zusagt. Auch das Kleine Springkraut ist leicht giftig. Ursprünglich kommt es aus Zentralasien und wurde zunächst in den Botanischen Gärten angesiedelt. Seit 1835 breitet es sich aufgrund seiner sehr effektiven Vermehrungsstrategie überall in Europa rasch aus.

Auf sonnigen Lichtungen im Grumsin findet sich ein hoch aufwachsendes, mehrjähriges Kraut mit gelben Blüten: Das Wald-Habichtskraut (*Hieracium murorum*), ein Korbblüter, der bis zu 60 cm hoch werden kann. Es ist ein typischer Bewohner des Buchenwaldes, liebt die Sonne und kann auch mit Trockenheit zurechtkommen. Die Gattung der Habichtskräuter ist äußerst artenreich. Gemeinsam ist den meisten von ihnen die Bindung an trockene und ärmere Standorte.

Ebenfalls auf eher trockenen, schattigen, kalkarmen Standorten findet man eine andere einjährige Pflanze mit exotisch anmutenden, gelb-weiß gefärbten und fast waagerecht ausgestreckten kleinen Blüten: den Wiesenwachtelweizen (*Melampyrum pratense*). Er führt seinen Namen zu Unrecht, denn auf Wiesen sieht man ihn nicht. Als Halbschmarotzer ist er stets auf die Anwesenheit von Wirtsbäumen angewiesen. Mit seinen unterirdischen Saugorganen zapft er die Wurzeln der Wirte an und entnimmt ihnen Nährstoffe und Wasser für den eigenen Stoffwechsel. Auch der Wiesenwachtelweizen ist durch seinen Aucubin-Gehalt schwach giftig, für Mäuse kann er sogar tödlich sein. So bleibt die hübsche, sparrig aufwachsende Pflanze mit den lanzettlichen Blättchen meist unberührt. Die lang gezogenen Blüten können nur durch Hummeln bestäubt werden, für andere Insekten bleiben die Nektar und Pollen spendenden Organe unerreichbar.

Eine besonders attraktive Erscheinung im Wald ist der Wurmfarn (*Dryopteris filix-mas*). Im Frühling, wenn die eingerollten Blattrispen erscheinen, und auch im Sommer, wenn die mehr als einen Meter hoch aufragenden, doppelt gefiederten Wedel das Bild bestimmen, zieht der Wurmfarn Blicke auf sich. Auch er hatte in der Volksmedizin über lange Jahrhunderte eine Bedeutung. Wie sein Name schon andeutet, wurde er gegen Fadenwurmbefall bei Menschen angewandt. Allerdings war die Dosierung schwierig und führte oft zu Vergiftungen, sogar zu Todesfällen. Es gibt mehrere Falterarten (Achateule *Phlogophora meticulosa* und Purpurglanzeule *Euplexia lucipara*), deren Raupen sich von seinem Laub ernähren. Das Gift schadet ihnen offenbar nicht.

Ebenfalls auffällig ist das Gemeine Weißmoos (*Leucobryum glaucum*). Es besiedelt gern bodensaure Standorte und ist deshalb nicht überall im Grumsin anzutreffen. Die Fähigkeit von Moosen, trockene Zeiten zu überdauern und bei erneuter Wassergabe wieder zu wachsen, ist beim Weißmoos besonders augenfällig. Die halbkugeligen Mooskissen bleichen bei Trockenheit aus und wirken durch die Luft in den Zellen weiß, regnet es, ergrünen sie wieder. Dieses Moos findet vielfältige Verwendung in der Floristik und zu anderen Dekorationszwecken – das Grumsiner Weißmoos ist davon natürlich ausgenommen.

Das Einblütige Perlgras (*Melica uniflora*) ist ein sehr typischer Vertreter der Gräser im Grumsin. Es gilt als Kennart in Buchenwäldern auf lehmigem Grund (Melico-Fagetum). Auch im Grumsin steht es dort, wo die Sonne den Boden erreicht, und bildet größere Gruppen.

Das Flattergras (*Milium effusum*), das ebenfalls in einem bestimmten Buchenwald-Typ in enger Vergesellschaftung auftritt (Milio-Fagetum), ist ein auffälliges, hoch wachsendes und sehr grün wirkenden Gras mit breiten, dünnen und weichen Blättern. Wo im Kronendach Lücken entstanden sind und Sonnenlicht den Boden erreicht, kann es größere Gruppen bilden.

Blick in eines der großen Moore: Im Zentrum gedeiht das Wollgras zwischen Torfmoosen und Moorbirken (Foto: K. Pape).

Ebenfalls verstreut wachsend und weniger auffällig sind Goldnessel (*Lamium galeobdolon*), Hexenkraut (*Circaea lutetiana*) und Bingelkraut (*Mercurialis perennis*), sehr selten auch der Königsfarn (*Osmunda regalis*).
Die eigentlichen Glanzlichter der Flora des Grumsin aber sind die wassergebundenen Pflanzen wie etwa Wollgras (*Eriophorum spec.*), Blasenbinse (*Scheuchzeria palustris*) Sumpfporst (*Ledum palustre*), Wasserfeder (*Hottonia palustris*), Sumpfschwertlilie (*Iris pseudacorus*), Krebsschere (*Stratiotes aloides*) sowie verschiedene Torfmoose (*Sphagnum spec.*). Sie besiedeln Waldmoore, Erlenbrüche und Seeufer. Mit dem Vorkommen dieser Arten wird die Aussage, dass das Besondere im Buchenwald Grumsin die enge Verzahnung von Wald und Wasser sei, eindrucksvoll unterstrichen.
Sehr prägend sind auch die Wollgräser, die in der Zeit des Fruchtens im Mai weiße Büschel von Samen tragenden „Wollfäden" besitzen und damit den Mooren eine besondere Schönheit verleihen. In den Grumsiner Mooren lebt in den sauren, nassen Milieus vor allem das Scheidige Wollgras (*E. vaginatum*).
Mit seinem würzigen Rosmarin-Duft tritt der Sumpfporst, ein Heidekrautgewächs, in Erscheinung. Er wächst meist entfernt von Wegen in kaum betretbaren Torfmoos-Moo-

Blühende Wasserfedern (*Hottonia palustris*): Nur die zarten Blüten erscheinen über der Wasseroberfläche (Foto: M. Rümmler).

Im Juni blühen die Sumpfschwertlilien (*Iris pseudacorus*), Pflanzen der Moore und Brücher (Foto: B. Blahy).

ren, benötigt nasse, kalkfreie Standorte und ist ein typischer Bewohner der Waldhochmoore. Dieser Strauch, der bis zu 30 Jahre alt werden kann, enthält in den ledrigen, eingerollten und länglichen Blättchen hohe Konzentrationen an ätherischen Ölen, die unter Sonneneinstrahlung frei werden und kampferähnliche Düfte erzeugen. Die Blüte von Mai bis Juli zeigt cremeweiße Dolden mit fünfzähligen Blüten.

In den Erlenbrüchen haben sich reiche Bestände der Sumpf-Calla ausgebildet. Besonders dort, wo durch den Verschluss alter Abflussgräben die Wasserstände in den Erlenbrüchen wieder steigen und die Alterlen dadurch absterben, fällt viel Licht auf den Wasserspiegel und begünstigt für einige Jahre, bis neu aufkommender Erlenbewuchs wieder für stärkere Verschattung sorgt, das Wachstum lichtliebender Arten wie Sumpfschwertlilie (*Iris pseudacorus*) und Sumpf-Calla.

Die Krebsschere, eine Charakterart stehender, meso- bis eutropher klarer Gewässer, kommt an einigen Stellen des Grumsin mit guten Beständen vor. Dieses Froschbissgewächs ist die letzte verbliebene rezente Art, deren Gattung bis ins Tertiär in Mitteleuropa noch mit weiteren Arten vertreten war. Die halb untergetauchten Pflanzen bilden ausgedehnte zusammenhängende Teppiche und

Moose gehören als Wasser liebende Pflanzen mit einer ganzen Reihe von Arten in den Grumsin. Mehrere Haarmoosarten (*Polytrichum spec.*) gehören dazu (Foto: H. Richter).

tragen durch ihre starke Biomasseentwicklung nicht unerheblich zur Verlandung von flachen Gewässern bei. Die Massenentwicklung war übrigens in der Vergangenheit der Anlass, Krebsscheren in großen Mengen zu „ernten" und als Viehfutter zu nutzen.
Eine andere, untergetaucht lebende Art ist der Gewöhnliche Wasserschlauch (*Utricularia vulgaris*), der in einigen Seen des Grumsin vorkommt. Es handelt sich dabei um eine frei im Wasser schwebende Pflanze, die nur die Blütenstängel über den Wasserspiegel hinaushebt und gelbe, zweilippige Blüten entwickelt, die von April bis August erscheinen. Der Gewöhnliche Wasserschlauch gehört zu den Fleisch fressenden Pflanzen. Dazu hat er außergewöhnliche Instrumente entwickelt: unzählige kleine Klappfallen, die zwischen seinen zahlreichen feinfiedrigen Blättern sitzen. Berührt ein Beutetier – etwa Mückenlarven, Daphnien, kleine Krebstierchen – die außen sitzenden, sensiblen Borsten der Falle, wird es in die nach innen klappende Falle gesaugt und fermentativ verdaut. Der Gewöhnliche Wasserschlauch kommt sowohl in nährstoffarmen wie -reichen Stillgewässern oder langsam fließenden Gewässern vor und bevorzugt vollsonnige Standorte. Auf der Roten Liste Brandenburgs wird er als „gefährdet" geführt, die Eutrophierung der Gewässer bedroht seine Vorkommen zunehmend.
Gut sichtbar blüht von Mai bis Juli die Wasserfeder (*Hottonia palustris*), deren deutscher Name den Eindruck beschreibt, den der Betrachter beim Anblick der über dem Wasser stehenden Blütenstängel erhält. Weiß, manchmal zartrosa überhaucht, mit kleinem gelben Zentrum stehen jeweils drei bis sechs Blüten in mehreren Etagen übereinander und wirken aus der Distanz wie hingewehte Federn. Die Pflanze selbst lebt untergetaucht und überwintert in grünen Stadien am Grund des Gewässers. Die fiedrig geschlitzten, nadelförmigen Blättchen bestätigen mit ihrem Aussehen ebenfalls den Pflanzennamen. Die Wasserfeder ist sehr anpassungsfähig und kann, wenn ihr Standort zeitweilig austrocknet, ihren Stoffwechsel auch auf trockenere Perioden umstellen. Dann bildet sie kleinere Pflanzenformen aus und breitet sich als dichter Rasen auf dem feuchten Grund aus.

Seite 89: Eingebettete kleine Moore schaffen Lichtinseln. Hier finden Pflanzen ihren Ort, die darauf angewiesen sind: Gräser, aber auch der Wiesenwachtelweizen (*Melampyrum pratense*) gedeihen (Foto: J. Reich).

Die Fauna des Grumsin

Martin Flade und Beate Blahy

Der Buchenwald Grumsin hat eine reiche Tierwelt. Seine Offerten mit Wald, Wasser, Mooren und Sümpfen, Licht und Schatten sind unwiderstehlich für viele Arten. Nicht nur die großen Wildarten fühlen sich dort zu Hause. Der Wald mit seinen schon seit vielen Jahren nicht mehr berührten Baumgesellschaften schafft mit Keimen, Wachsen, Blühen und Vergehen fortwährend neue Nischen, die nie lange unbesetzt bleiben. Je mehr die Zeit voranschreitet, in der alles Verwalten, Ernten, Regeln und Neuordnen durch Menschenhände unterbleibt, desto mehr Tier- und Pflanzenarten fühlen sich angezogen von diesem Ort, der ihnen ihre Wünsche nach angemessenem Lebensraum erfüllen kann.

Mag es die Ameise sonnig und warm, zieht die Schnecke feuchte, schattige Plätze vor, liebt der Eremit den alten Mulm in verfaulenden Baumhöhlen, so sucht sich der Laufkäfer fix einen anderen Platz zum Beutemachen, wenn vor ihm soeben ein mächtiger Buchenriese zu Boden stürzte. Sie alle sind unscheinbar und ziehen selten die Aufmerksamkeit des Waldbesuchers auf sich.

Auffälliger sind die großen Arten, die uns faszinieren: die Seeadler des Grumsin, Schwarzstörche und Fischadler, Rotmilan und Waldkauz, aber auch das überaus wehrhafte Wildschwein oder Rehe und Hirsche, die hin und wieder zu beobachten sind. Baummarder tauchen unvermittelt auf, Waschbären patrouillieren an den Gewässerrändern, Dachse haben ihren Platz ebenso wie Rotfuchs und Fischotter. Sogar Biber haben den Weg zu den stillen Waldseen gefunden und begonnen, die Landschaft umzugestalten. Große Räuber fehlen im Grumsin. Doch bald wird der immer wilder werdende Wald auch Nischen für Luchs und Wildkatze bieten. Auch der Schreiadler, der in früheren Jahren hier nistete, könnte wieder zurückkehren. Sumpfschildkröten, Charaktertiere des nördlichen Brandenburg, könnten wieder geeigneten Lebensraum an den stillen Waldseen mit ihren besonnten flachen Wässern finden.

So scheint alles eine Frage der Zeit zu sein. Wenn sich die Entwicklung des Waldes auch in Zukunft ungestört vollziehen kann, wird die eine oder andere Art wiederkommen.

Seite 90: Als Charaktervogel der brandenburgischen Landschaft ist der Rotmilan auch im Grumsin zu Hause (Foto: D. Nill).

Biber sind seit Jahren schon zurück im Grumsin. Sie nehmen zunehmend Einfluss auf die Wasserverhältnisse, ihre Anwesenheitsspuren sind unübersehbar. Sehr präsent sind sie am Schwarzen See südlich von Louisenhof (Foto: J. Hesse).

Die Vogelwelt des Grumsin

Heike Begehold und Martin Flade

Die Vogelwelt des Grumsin ist nicht besonders arten- oder individuenreich, aber dennoch sehr eigentümlich und charakteristisch. Dabei sind es vor allem drei Artengruppen, die den Grumsin in besonderer Weise kennzeichnen: Die Vögel der alten Buchenwälder, die Vögel der darin gelegenen Moore und Seen und schließlich die Großvögel wie Adler, Milane und Schwarzstorch, die in der Stille des Buchenwaldes Grumsin nisten, deren Reviere und Aktionsräume aber teilweise deutlich über das Waldgebiet hinausreichen.

Im Rahmen von wissenschaftlichen Untersuchungen im Zeitraum 1998–2001 und 2012/13 wurden im Grumsin auf zwei zusammen knapp 80 ha großen Probeflächen etwa 40 verschiedene Brutvogelarten festgestellt. Dazu gehören zunächst so allgemein häufige Waldvögel wie Buchfink, Kohlmeise, Amsel oder Rotkehlchen. Der Wald hat sich jedoch in den letzten Jahrzehnten in seiner Struktur und damit in der Lebensraumqualität für Brutvögel verändert.

Als charakteristische Leitarten des Tiefland-Buchenwaldes gelten zwölf Arten (Flade 1994, Schumacher 2006), von denen alle auch im Grumsin nachgewiesen wurden. Diese Arten zeigen in Buchenwäldern ihre höchste Stetigkeit und Siedlungsdichte und sind charakteristisch für Wälder mit hohem Altholzanteil und daher ausreichend vorhandenen Schlüsselstrukturen wie Höhlen, Nischen und Spalten, liegendem und stehendem Totholz, Baumruinen, abgestorbenen Ästen und ausgeprägten Rindenstrukturen. In Spalten und hinter absplitternden Rindenplatten nisten Wald- und Gartenbaumläufer, aufrecht stehende Wurzelteller bieten Brutmöglichkeiten für Eisvogel und Zaunkönig, und in Nischen, die durch Astabbrüche entstanden sind, brüten Grau- und Zwergschnäpper. Der Waldlaubsänger ist

Gebiet und Jahr	Grumsin-West		Grumsin-Ost	
	2012	2001	2013	1998
Flächengröße [ha]	*36,5*		*40,2*	
Amsel	3	3	6	4
Blaumeise	13	12	15	2
Buchfink	43	39	55	28
Buntspecht	8	7	7	6
Eichelhäher	1		1	
Gartenbaumläufer			6	2
Gartengrasmücke				1
Grauschnäpper	7	6	6	1
Hohltaube	4	4	4	3
Kernbeißer	9	8	8	3
Kleiber	14	13	10	7
Kohlmeise	25	23	22	7
Kolkrabe	1			
Kranich			1	
Mäusebussard	1			
Mittelspecht	2		1	
Mönchsgrasmücke	4	4	11	1
Pirol	1		1	
Ringeltaube	2	2	2	3
Rotkehlchen	14	13	15	8

Ergebnisse der Brutvogelkartierung in zwei Untersuchungsgebieten im Grumsin. Buchenwaldleitarten sind fett gedruckt. Die Gesamtabundanz zeigt die Revierzahl/10 ha (Quelle: H. Schumacher und H. Begehold, eigene Daten).

Gebiet und Jahr	Grumsin-West		Grumsin-Ost	
	2012	2001	2013	1998
Flächengröße [ha]	*36,5*		*40,2*	
Schellente	1	1	1	
Schwanzmeise			1	
Schwarzspecht			2	1
Singdrossel	3		3	3
Sommergoldhähnchen	3	3	3	
Star			1	3
Stockente			1	
Sumpfmeise	3	3	5	2
Tannenmeise			2	1
Trauerschnäpper	1		1	
Waldbaumläufer	10	9	8	5
Waldkauz	1	1	2	
Waldlaubsänger	4	4	12	3
Waldwasserläufer			1	
Zaunkönig	10	9	10	8
Zilpzalp	3		1	1
Zwergschnäpper	4	4		2
Summe Reviere	195	165	225	106
Summe Arten	28	20	33	25
Gesamtabundanz	53,4	45,2	56	26,4

Kleiber (*Sitta europaea*, oben) sind allgegenwärtig, ihr lauter Ruf ist unüberhörbar. Schellenten (*Bucephala clangula*) brüten in Schwarzspechthöhlen im Umfeld der stillen Waldseen (Fotos: P. Wernicke).

ein Bodenbrüter und deshalb an versteckreiche Strukturen in Bodennähe gebunden.

Typische Waldbewohner und wichtige Höhlenbauer sind vor allem die Spechte. Dabei werden die Höhlen von Bunt-, Grün-, Mittel-, Klein- und Schwarzspecht auch von anderen höhlenbewohnenden Arten wie Kohlmeise, Blaumeise, Sumpfmeise, Star und Kleiber, Trauerschnäpper, Hohltaube, Schellente oder Waldkauz genutzt.

Eine Besonderheit im Grumsin ist der Mittelspecht. Dieser ist in Deutschland zwar weiträumig verbreitet, doch nur in reifen Auwäldern und anderen sehr alten Laubwaldbeständen lokal häufig. Zur Nahrungssuche benötigt er Bäume mit rauer Borke (z.B. Eichen, Eschen, Erlen) oder rissiger oder andersartig rauer Rinde („Rindenstörstellen") und bevorzugt daher in Buchenwäldern sehr alte Bäume oder Bäume mit großer Oberflächenrauigkeit („Steinbuchen"). Da Buchenbestände erst ab etwa 150–200 Jahren zunehmend raue Stammoberflächen und für den Mittelspecht nutzbares Totholz entwickeln, wird das Fehlen der Art in vielen Buchenwäldern Mitteleuropas als „forstwirtschaftliches Artefakt" angesehen (Hertel 2003). Seine Bruthöhlen befinden sich ausschließlich in Totholz (Hochstubben, ab-

Der Mittelspecht (*Dendrocopos medius*, oben), um 21 cm lang, braucht alten Wald mit rauen Rinden, um gute Bruthabitate und Nahrung zu finden. Deutlich kleiner mit 15 cm Körperlänge ist der Kleinspecht (*Dendrocopos minor*, unten), der zwar in Europa verbreitet lebt, aber nur selten vorkommt. Auch er liebt alte Wälder, grobe Borken und stehendes Totholz in feuchten Wäldern.

Der Zwergschnäpper (*Ficedula parva*, Seite 95 oben) ist ein typischer Bewohner der dunklen, feucht-schattigen Buchenaltholzbestände im Grumsin.

Ein Trauerschnäpper (*Ficedula hypoleuca*, Seite 95 Mitte) ruht auf dünnem Ast. Auch dieser Vogel ist typisch für alte, höhlenreiche Wälder. (Fotos: P. Wernicke).

Waldkäuze (*Strix aluco*, Seite 95 unten) fühlen sich sicher im Grumsin. Sie sind selten auch am Tage zu sehen (Foto: U. Garbe).

gestorbene Stämme oder Seitenäste; Schumacher 2006), teilweise hoch im Kronenbereich. Stehendes sowie stark strukturiertes Totholz ist auch die Grundlage für ein ausreichendes Nahrungsangebot.

Der insgesamt nicht sehr häufige Trauerschnäpper ist auf ein reiches Höhlenangebot angewiesen, da er als Langstreckenzieher später als andere Höhlenbrüter seine Bruthöhle besetzt. Oft ist er in der Nähe von Waldmooren und Gewässern in Beständen mit schattig-feuchtem Waldinnenklima anzutreffen, ebenso wie auch der Zwergschnäpper, der relativ selten in alten Buchenwäldern Mitteleuropas brütet und in Deutschland seine westliche Verbreitungsgrenze erreicht. Er ist eine besonders typische Art im Grumsin und an geschlossene, natürlich strukturierte sowie alte und hochstämmige, schattig-dichte Buchenbestände, bevorzugt in der Nähe von Feuchtgebieten, gebunden. Sein Vorkommen ist stark an das Volumen des lebenden Bestandes geknüpft, seine Siedlungsdichte steigt deutlich ab einem Bestandsalter von 300 Jahren (Moning et al. 2009).

Neben den Buchenwaldvögeln sind die Bewohner der Bruchwälder und Waldmoore besonders kennzeichnend für den Grumsin. Durch die enge Verzahnung von Altholz und Wasser ist auch der seltene Waldwasserläufer im Grumsin vertreten. Er brütet in der Nähe von Erlensümpfen oder schlammigen, baumbestandenen Gewässerufern und Moorrändern, die er als Nahrungshabitat nutzt. Solche Lebensräume sind häufiger und typischer Bestandteil der Buchenwaldgebiete in den Jungmoränenlandschaften Nordostdeutschlands. Als Ausnahme unter den Schnepfenvögeln ist er kein Bodenbrüter, sondern brütet in Bäumen in Nestern von Freibrütern, meist in alten Drosselnestern. Brut- und Nahrungsreviere sind fast immer räumlich getrennt.

Weitere typische Arten der mit Birken und Erlen bestandenen Bruchwälder und Moore sind Kleinspecht und Weidenmeise, die ihre Bruthöhlen häufig in morsche Stämme zimmern. Schließlich muss als besonders kennzeichnende

Art für die stillen Waldseen des Grumsin die Schellente genannt werden, die in Schwarzspechthöhlen und anderen großen Baumhöhlen brütet und auf den Seen oder in hoch Wasser führenden Erlensümpfen ihre Jungen führt. Schließlich gehören Schwarzstorch und Greifvögel, die in den störungsarmen, abgelegenen Altholzbeständen horsten, zum Grumsin. Sie nutzen entweder, wie Fisch- und Seeadler, die zahlreichen Seen im Wald und in seinem Umfeld als Jagdgebiet, oder fliegen in die umgebenden abwechslungsreichen Offenlandschaften zur Nahrungssuche, wie Schwarzmilan, Rotmilan oder der früher im Grumsin vorkommende, aber seit den 1990er Jahren als Brutvogel verschwundene Schreiadler. Eine Rückkehr dieses seltenen Adlers in den Grumsin ist nicht ausgeschlossen.
Die im Grumsin brütenden Schwarzstörche fliegen keineswegs nur Seen zur Nahrungssuche an, sondern nutzen gerade auch die versteckten Erlensümpfe zur Jagd. Die Welse als nahe gelegenes, naturnahes Fließgewässer im Nordwesten des Gebietes wird regelmäßig frequentiert.
Viele Brutvögel sind an besondere Strukturen oder ein reichhaltiges bzw. diverses Totholzangebot gebunden, auch für die Nahrungssuche. Der Grumsin entwickelt zunehmend Habitate, wie sie auch in lange unberührten Buchenwäldern zu finden sind. Dadurch werden weitere Kostbarkeiten vielleicht bald heimisch, wie z. B. der Weißrückenspecht, der an dem einen oder anderen absterbenden Stamm bereits seine Spuren hinterlässt und im Umfeld des Grumsin wiederholt nachgewiesen wurde.
Der Kranich ist ein weiterer typischer Brutvogel der Waldmoore und im Grumsin besonders häufig. Daher ist ihm ein eigenes Kapitel gewidmet.

Seite 96: Der Schwarzstorch (*Ciconia nigra*) nutzt das Nahrungsangebot der zahlreichen Kleingewässer (Foto: P. Wernicke).

Die Kraniche des Grumsin

Beate Blahy

Kaum ein Bewohner des Grumsin macht so deutlich auf sich aufmerksam wie der Graue Kranich (*Grus grus*). Seine Stimme trägt weit, über viele Kilometer schallen die Töne, und das bewegte Relief des Waldes auf der stark gestauchten Endmoräne sorgt dafür, dass man ihn selten sieht.
Kraniche vereinen etliche Attribute auf sich: Sie sind in unseren Augen Frühlingsboten, Glücksvögel, stehen für Wachsamkeit und ewige Treue, und sie tanzen so anmutig miteinander, dass manche Völker ihre Tänze nachahmen. Nicht alles, was ihnen nachgesagt wird, trifft auch zu. So ist die schöne Mär von der lebenslangen Einehe leider unwahr.
Der Graue Kranich ist unser größter flugfähiger einheimischer Vogel. Etwa 1,20 m erreicht er im Stehen, die Schwingen breiten sich bis zu 2,5 m aus, und seine Lebensweise ist so auffällig, dass ihn dort, wo er vorkommt, jeder kennt. Wenn er es für nötig hält, geht er trotzdem nahezu unsichtbar und lautlos durch den Tag.
Seit langer Zeit schon nutzen die Kraniche den Grumsin für die Aufzucht ihrer Jungtiere. Um dabei erfolgreich zu sein, brauchen die großen Vögel so einiges: einen verlässlichen Brutpartner, einige Jahre Erfahrung, und vor allen Dingen den geeigneten Lebensraum, der sowohl den sicheren Rückzug garantiert als auch ausreichend Nahrung bietet.
Die meiste Zeit des Jahres sind Kraniche gesellig und halten sich in Gruppen auf den Feldern auf, wo sie immer wieder ihre lauten Trompetenrufe hören lassen. Doch in den Monaten, in denen Brut und Jungenaufzucht geleistet werden, zeigen sie ein ganz anderes Verhalten: Still gehen sie zwischen den Bäumen hindurch, wenn sie ihr Nest aufsuchen, das immer inmitten von Wasser errichtet wird. Solche Orte gibt es im Grumsin viele. In fast jeder Senke liegt ein Moor, unergründlich und schwer zugänglich für Feinde. Bevorzugt werden Orte, die genügend Struktur

An verborgenen Schlafplätzen sammeln sich zum Abend die Grauen Kraniche, um sicher zu übernachten. Das Plagefenn bietet solche Orte seit Jahrhunderten.

Seite 99 oben: Kranich am Nest im Seggensumpf in einem Toteisloch bei Groß-Ziethen.

Seite 99 unten: Ein Kranich, der sich hinter einem Erlenstamm versteckt und mit seiner Umgebung fast komplett verschmilzt (Fotos: K. Nigge).

aufweisen und durch Bewuchs, Büsche und hohes Schilf gute Versteckmöglichkeiten bieten. Ehe das Nest gebaut wird, prüfen die Kraniche aus jeder Blickrichtung, wie sicher der Ort und ob das Wasser auch tief genug ist, um Sicherheit vor unbefugtem Zutritt zu bieten. Sollte sich ein Platz als doch nicht so störsicher erweisen, wird anderswo mit dem Nestbau begonnen.

Kraniche nutzen einen Brutplatz, der sich als sicher bewährt hat, über viele Jahre. Sie sind so mit ihrer Umgebung überaus vertraut. Aufgrund ihres Körperbaus können sie sich schmal und dünn machen. Wenn sie aufrecht und still hinter einem Baumstamm stehen, sind sie für das menschliche Auge kaum mehr zu erkennen.

Das Weibchen legt zwei tarnfarbig olivbraun gefleckte Eier. Obwohl beide Partner brüten, verbringt das Weibchen mehr Zeit auf dem Gelege. Das Männchen ist für den Schutz und die Verteidigung des Nestes zuständig, wacht in der Nähe und wehrt konkurrierende Artgenossen und manchmal auch einen herumstreichenden Fuchs ab. Einen Monat lang dauert die Brut, dann schlüpfen die Küken und sind nach einem Erholungstag sofort bereit, als Nestflüchter ihre Umgebung zu erkunden. Nun beginnt eine womöglich noch anstrengendere Phase für die Altvögel, die nun nicht nur das Umfeld pausenlos auf Bewegungen, Störungen, Feinde absuchen, sondern gleichzeitig die zimtbraunen Küken langsam zu den Futterquellen führen müssen. Beide Eltern übernehmen je ein Küken und verfüttern Würmer und Insekten.

Der Grumsin bietet nicht genug Nahrung für die Kraniche. Sie gehen deshalb mit ihren Küken auf kleine Lichtungen im Wald oder an den Waldrand, um dort zu äsen, denn Heuschrecken, ihre Lieblingsnahrung, finden sie nur im hellen Sonnenlicht. Das ist zwar ein gewisser Nachteil für die Waldkraniche des Grumsin, jedoch wird er aufgewogen durch die Sicherheit der Rückzugsgebiete. Nicht selten werden am Waldrand äsende Kranichfamilien durch

die Annäherung von potenziellen Feinden aufgeschreckt und zur Flucht genötigt. Da sie ein außerordentlich gutes Sehvermögen besitzen, können die Altvögel verdächtige Bewegungen rechtzeitig wahrnehmen und den sicheren Wald aufsuchen.

Und so sind diese eindrucksvollen, prächtigen Vögel ein wahrhafter, lebendiger Schmuck des Grumsin. Hier sind sie Teil einer größeren Population, denn Kraniche leben im Biosphärenreservat nahezu flächendeckend in einer einzigartigen Dichte, die deutschlandweit kein zweites Mal vorkommt. Über 500 Brutpaare leben hier auf 1.300 km^2, im Grumsin sind es sicher mehr als 15 Paare auf etwa 15 km^2, wenn man das unmittelbare Umfeld des Weltnaturerbes mit einbezieht. Dieser Wert liegt deutlich über dem Durchschnitt der Populationsdichte des Biosphärenreservates.

Dass Graukraniche so einen starken zahlenmäßigen Zuwachs erleben, haben sie ihrer guten Anpassungsfähigkeit und teilweise auch unserer intensiven Landwirtschaft zu verdanken. Noch in den 1960er Jahren waren Kraniche eine große, geheim gehaltene Seltenheit in unseren Breiten. Sie bewohnten die gleichen Lebensräume wie seit Jahrtausenden, waren scheue Waldbewohner und selten zu sehen. Mit der Einkehr einer hochintensiven Landbewirtschaftung ergaben sich erstaunliche Chancen für sie: Wachtel, Rebhuhn, Feldhase und Feldlerche, um nur einige zu nennen, wichen zurück. Die Kraniche aber gewannen ein schier unerschöpfliches Nahrungspotenzial mit den Ernterückständen und Aussaaten auf riesigen, übersichtlichen Flächen.

Säugetiere im Buchenwald

Mathias Herrmann

Oft verrät sie das nächtliche Knistern des trockenen Herbstlaubes. Wenn das Geraschel näher kommt, hört man deutliches Grunzen und Quieken: Eine Rotte Wildschweine hat sich, nachdem es dunkel geworden ist, auf den Weg gemacht, um von dem reichen Fall der Bucheckern zu profitieren und sich Speck für den Winter anzufressen. Die Gelbhalsmäuse, Waldmäuse und Rötelmäuse, die gleichfalls von den öligen Früchten der Buche leben, müssen auf der Hut sein, um nicht als Nachspeise im Wildschweinmagen zu landen. Im Herbst wimmelt es an Nahrungsgästen im Buchenwald, insbesondere wenn die Buchen eine reiche Mast haben und viele Früchte abwerfen. Eine solch reiche Mast gibt es nicht jedes Jahr, denn die Buchen haben im Laufe der Evolution „gelernt", dass sich die samenfressenden Tiere in hohen Dichten halten können, wenn sie jedes Jahr reichlich Nahrung vorfinden. Dann vertilgen sie alle Bucheckern, und es sind nicht genügend

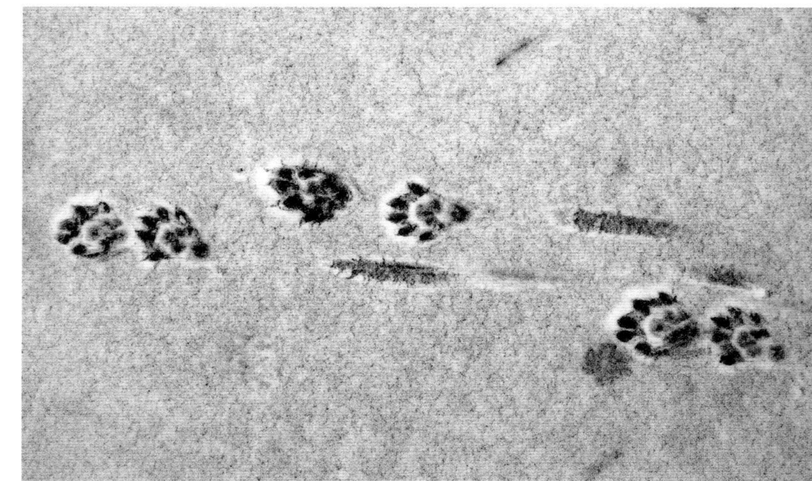

Die dreieckigen Pfotenabdrücke und die Schleifspur des Schwanzes verraten, wer hier lief: der Fischotter (Foto: B. Blahy).

Seite 101: Feldhase, Rothirsch und Reh gehören zur natürlichen Fauna im Grumsin (von oben nach unten; Fotos: E. Henne).

Samen für die Waldverjüngung übrig. Durch die Strategie der Buche, einen Überschuss nur alle paar Jahre zu produzieren, schaffen es auch die Wildschweine beileibe nicht, alle Bucheckern zu fressen. Außerdem lenkt sie so mancher Wurm oder Käfer, manchmal sogar eine schmackhafte Holzkäferlarve im Mulm einer verfaulenden Buche von ihrer pflanzlichen Nahrung ab. Auf der Jagd nach diesen proteinreichen Nahrungsquellen wühlen die Wildschweine den ganzen Boden des Buchenwaldes um und befördern so die Bucheckern in den Waldboden, sodass diese hervorragende Bedingungen finden, um im nächsten Jahr zu keimen.

Sobald die jungen Buchen ihre ersten beiden Keimblätter herausschieben, drohen andere Gefahren. Zu den natürlichen Einflüssen, die ganze Generationen junger Buchenpflanzen vernichten können, gehören lange Trockenperioden im Frühsommer, die im Grumsin nicht selten sind. Auch Säugetiere sind eine Gefahr für die Keimlinge. Zeitweise war die Dichte an Rehen, Damhirschen, Rothirschen und Mufflons so hoch, dass kaum ein paar Buchenkeimlinge das erste Lebensjahr überstanden. In der an den Grumsin angrenzenden Feldflur fanden die Huftiere reichlich Nahrung vor, sodass sie ohne energische Bejagung hohe Populationsdichten aufbauten. In der nahrungsarmen kalten Jahreszeit war wenig Nahrung und Deckung in der angrenzenden Feldflur vorhanden. Die Huftiere hielten sich ausschließlich im Wald auf und fraßen dort den Jungwuchs. Dies hat sich, nachdem Ende der 1990er Jahre ein neues Jagdkonzept für den Grumsiner Forst aufgestellt wurde, der den Bestand an Rehen und Hirschen deutlich dezimierte, geändert. Noch heute kann man im Waldbild des Grumsin erkennen, dass eine ganze Baumgeneration fehlt, die Jungbäume aber seit der Jahrtausendwende zahlreich heranwachsen. Jetzt finden auch andere Pflanzenfresser, wie zum Beispiel die Rötelmaus, reichlich Knospen und Blattnahrung vor.

Rötelmäuse stehen auch beim Baummarder, der sich auf die Jagd von Kleinsäugern im Wald spezialisiert hat, ganz oben auf der Speisekarte. Er teilt sich den Buchenwald als Jagdgebiet mit seiner Geschwisterart, dem Steinmarder. Dieser wird in Anspielung auf seine Verbreitung, die sich mit der Verbreitung der Buche deckt, im Englischen sogar „beech marten", also „Buchenmarder" genannt.
Zur Nahrung von Baummarder und Steinmarder gehört auch der Siebenschläfer. Diese Bilchart schafft es sogar, genug Nahrung in einem geschlossenen, unterwuchsarmen Buchen-Hallenwald zu finden. Durch seine Kletterfähigkeit hat der Siebenschläfer den Kronenraum des Buchenwaldes erobert und frisst dort Knospen, Blätter, Früchte und animalische Kost. Aufgrund seiner Körpergröße kann er sich einen komplizierten Verdauungsapparat leisten, der die ballaststoffreiche Nahrung aufschließen kann. Diese ökologische Nahrungsnische ist beispielsweise den Vögeln verschlossen; sie wären mit einem solchen Verdauungsapparat viel zu schwer und könnten nicht vom Boden abheben. Mit einer zweiten ökologischen Strategie ist der Siebenschläfer optimal an den Wuchszyklus der Buche angepasst. Er verbringt, wie sein Name schon sagt, sieben Monate (Oktober bis April) des Jahres in tiefem Winterschlaf. In dieser Zeit lebt er von den Fettreserven, die er sich in der Vegetationsperiode im Buchenwald angefressen hat. Warum der Siebenschläfer im Grumsin (noch) nicht (wieder) vorkommt, ist nicht ganz klar, da es eine größere Population im etwa 10 km nördlich davon gelegenen Melzower Forst und in den Wäldern um Steinhöfel gibt. Eine mögliche Erklärung dafür wäre, dass er den Grumsin verlassen hat,

Baummarder, Siebenschläfer und Gelbhalsmaus führen ein sehr unterschiedliches Leben im gleichen Lebensraum. Ist ein Baummarder das ganze Jahr aktiv, verschlafen Siebenschläfer wirklich sieben Monate. Gelbhalsmäuse als Allesfresser bleiben auch im Winter wach, sie zehren von angelegten Vorräten (Foto oben: D. Nill, Mitte: M. Herrmann, unten: H. Richter).

als Köhler und Glasbläser zur Ausübung ihres Handwerkes große Teile des Waldes abholzten. Wir wissen, dass der Siebenschläfer nicht sehr ausbreitungsstark ist, und es ist denkbar, dass die Verinselung der Buchenwälder zu einem lokalen Verschwinden geführt hat.

Heute ist der Grumsin ein Teil des größten noch vorhandenen Laubwaldkomplexes, den es in Brandenburg gibt. Zahlreiche reife und alte Wälder sind hier zu finden. Mitten im Biosphärenreservat Schorfheide-Chorin bildet er zusammen mit anderen großflächigen Wäldern einen Lebensraum, der für Arten mit sehr großen Raumansprüchen ausreichend dimensioniert und nicht zerschnitten ist. Bis vor Kurzem war der Baummarder, der Streifgebiete von 2 bis 15 km² Größe hat, die Art mit dem größten Raumanspruch. In den letzten Jahren wurde auch der Wolf mehrfach in der Nähe gesichtet. Allerdings genügt ihm der Welterbeteil des Buchenwaldes nicht: Er benötigt Reviere von mindestens 100 und bis zu 1.000 km², um ausreichend Beute zu finden. Auch die Wildkatze und der Luchs sind Arten, die den Grumsin in absehbarer Zeit wieder besiedeln könnten. Im Melzower Forst im Norden des Biosphärenreservates wurde vor einigen Jahren bereits eine Wildkatze als Verkehrsopfer nachgewiesen. Bis es so weit ist, werden die Bäume im Grumsin noch reifer geworden sein, und es ist zu erwarten, dass Baummarder und Wildkatze in den alten Bäumen ein ausreichendes Angebot an Baumhöhlen finden. Eine einfache Spechthöhle reicht hier nicht aus, denn eine ausgewachsene Wildkatze braucht zusammen mit ihren Jungen schon eine Baumhöhle von mindestens 30 cm Durchmesser.

Fledermäuse

Sylvia Stephan und Angelika Fuß

In unserer Kulturlandschaft haben Fledermäuse mit zwei Hauptproblemen zu kämpfen: zum einen mit dem immer geringer werdenden Angebot an Insekten, ihrer Hauptnahrungsquelle, da diese durch den großflächigen Einsatz von Pestiziden stark dezimiert werden. Zum anderen durch den Wegfall von Quartieren, sowohl in Gebäuden als auch in Bäumen, in denen sie geschützt den Tag verbringen und auch ihre Jungen großziehen können.

Alte Laubwälder wie der Grumsin bieten dagegen Nahrung und Quartiermöglichkeiten im Überfluss. Wer einen sommerlichen Waldspaziergang durch den Grumsin macht, merkt schnell, dass die Dichte der (Stech-)Insekten hier deutlich höher ist, als dem Spaziergänger lieb ist. Für Fledermäuse ist das allerdings attraktiv. Auf ihrem Speiseplan stehen jedoch nicht nur Stechmücken, sondern alle flugfähigen und flugunfähigen Gliedertiere wie Spinnen, Falter und Käfer. Das vielseitige Nahrungsspektrum in den alten Buchenwäldern des Grumsin wird begünstigt durch das Mosaik eingestreuter Erlenbrüche, Moore und Seen. Die gute Nahrungsgrundlage spiegelt sich im Artenreichtum der Fledermausfauna wieder: Insgesamt 12 von den 19 in Brandenburg heimischen Fledermausarten konnten innerhalb der Weltnaturerbefläche nachgewiesen werden.

Ein besonders typischer Jäger in alten Buchenwäldern ist das Große Mausohr, das nach der Fauna-Flora-Habitat-Richtlinie der EU auch einen besonderen Schutzstatus genießt.

Neben der guten Nahrungsverfügbarkeit bieten alte Laubwälder den Fledermausarten, die Bäume als Tagesquartiere nutzen, viele Versteckmöglichkeiten. Meist erst ab einem Alter von über 100 Jahren finden sich an den Bäumen Strukturen, die von den Fledermäusen genutzt werden können: Faullöcher, Spechthöhlen, Spalten, abstehende

Großes Mausohr

Das Große Mausohr ist die größte in Deutschland heimische Fledermaus. Die Tiere haben immerhin eine Spannweite von ca. 40 cm und sind damit etwas größer als eine Amsel. Das Große Mausohr ernährt sich bevorzugt von großen Laufkäfern. Es sucht seine Beute, indem es niedrig über dem Boden fliegend dem Rascheln der Käfer lauscht. Diese Jagdstrategie lässt sich am besten über dem laut raschelnden Laub am Boden eines Buchenwaldes umsetzen. Käfer, die sich hier im Laub bewegen, können von den Großen Mausohren leicht gehört werden. Daher bevorzugen Große Mausohren als Jagdgebiete ältere Buchenwälder ohne Krautschicht. Hier leben besonders viele Laufkäfer, die für die Mausohren leicht zu erbeuten sind. Ein säugendes Mausohr muss 10 g oder bis zu 30 Laufkäfer im Laufe einer einzigen Nacht erbeuten – das ist mehr als ein Drittel seines eigenen Körpergewichtes –, um sich selbst und sein Jungtier zu versorgen.

Selten und anspruchsvoll: das Große Mausohr (Foto: D. Nill).

Nach dem nächtlichen Jagdflug kehren die Tiere in ihre Quartiere zurück, in denen sie während des Tages schlafen. Die Weibchen treffen sich dafür im Sommer in größeren Gemeinschaften – sogenannten Wochenstuben –, in denen sie ihre Jungtiere aufziehen. Als Wochenstubenquartiere werden großräumige, sich gut erwärmende Dachstühle bevorzugt. Die Wochenstuben können aus bis zu 2.000 Tieren bestehen. So große Gruppen sind in Brandenburg jedoch nicht zu erwarten: Das Große Mausohr ist eine Wärme liebende Art und erreicht bei uns die Nordgrenze seines Verbreitungsgebietes. Daher sind in Nordostdeutschland die Gruppen erheblich kleiner.

Die Besenderung von Großen Mausohren im Grumsin ergab, dass die meisten Weibchen, die im Grumsin jagen, in einem Wochenstubenquartier in Liepe, 15 km südöstlich des Grumsin, in einer etwa 150-köpfigen Gemeinschaft leben! Diese Tiere legen täglich bzw. nächtlich einen Weg von über 30 km zurück und fliegen manchmal sogar im Laufe einer Nacht noch zu ihrem im Quartier verbleibenden Jungtier zurück, um es zu säugen. Die Ursache für diese enormen Anstrengungen ist die Seltenheit der (alten) Buchenwälder: Geeignete Jagdgebiete für das Große Mausohr sind rar. Die Tiere müssen weite Wege auf sich nehmen, um die wenigen verbliebenen Buchenwälder zu erreichen. In Deutschland sind nur noch auf 7 % der ursprünglichen Fläche Buchenwälder vorhanden. Und nur die allerwenigsten Bestände sind alt genug, um als Jagdgebiet für das Große Mausohr zu dienen. Das Weltnaturerbe Grumsiner Forst hat daher eine ganz herausragende Bedeutung für die Erhaltung des Großen Mausohres an seiner nördlichen Verbreitungsgrenze.

Die besondere Qualität der Buchenwälder zeigt sich auch in dem hohen Anteil an Weibchen an den im Grumsin gefangenen Tieren. Während der Phase der Jungenaufzucht sind die guten Nahrungsräume den säugenden Weibchen vorbehalten. Die Männchen müssen sich, da sie keine Jungtiere zu versorgen haben, mit den weniger ergiebigeren Jagdgebieten zufrieden geben.

Fledermäuse wie das Braune Langohr (links) benötigen sichere Tagesunterkünfte wie großräumig ausgefaulte Baumhöhlen in höher gelegenen Stammbereichen (Foto links: M. Herrmann, rechts: H. Begehold).

Rinden an toten Ästen oder an abgestorbenen Bäumen. Ein alter Baum kann dabei verschiedene Versteckmöglichkeiten aufweisen und somit auch verschiedenen Fledermausarten ein Quartier bieten.

Alle baumbewohnenden Arten ziehen regelmäßig alle 1–3 Tage um. Jede Fledermauskolonie benötigt daher mehrere (bis zu 40), nahe beieinander liegende Quartiere, die sie in einem Sommer bzw. in verschiedenen Jahren nutzt. Wälder, die von Fledermäusen bewohnt werden, müssen daher immer einen Komplex von verschiedenen potenziellen Quartierbäumen aufweisen. Dies ist auf der Fläche des Weltnaturerbes Grumsin gewährleistet.

Rauhautfledermaus

Anders als das Große Mausohr nutzt die Rauhautfledermaus die Buchenwälder des Grumsiner Forstes nicht nur als Jagdgebiet. Sie findet in alten Buchenwäldern auch geeignete Quartiere. Rauhautfledermäuse bevorzugen zum Übertagen Baumspalten, die sie in den Stammrissen, Faulspalten und Zwieseln finden. Vor allem an alten Buchen bilden sich derartige Strukturen aus. Eine ganz besondere Bedeutung haben Blitzrinnen. Durch den Blitzeinschlag entstehen am Stamm lang gezogene Spaltenquartiere, die auch von sehr großen Kolonien genutzt werden können. Insgesamt 278 Tiere konnten an einer Blitzschlagbuche im Grumsin beim abendlichen Ausflug beobachtet werden.

Nicht nur Blitzschlagbuchen bieten für Rauhautfledermäuse geeignete Strukturen, generell werden alte Buchen von dieser Art als Quartier bevorzugt. Die Besenderung von Rauhautfledermäusen und deren Verfolgung mit Hilfe der Telemetrie zeigte die sehr hohe Bedeutung von alten Buchenwäldern für die Art: 8 der 11 festgestellten Quartiere befanden sich in alten Buchen mit einem Stammdurchmesser von mindestens 50 cm. Auch zwei weitere Massenquartiere von Rauhautfledermäusen wurden in alten Buchen festgestellt. An diesen Bäumen flogen insgesamt 250 bzw. 210 Tiere aus.

Neben alten Baumbeständen als Quartiere sind Rauhautfledermäuse auf Stillgewässer angewiesen, die sie zur Jagd aufsuchen. An den Stillgewässern bejagen sie randliche Ufer- und Schilfzonen. Optimal für diese Art sind daher gewässerreiche Wälder, die sowohl die Quartier- als auch die Jagdgebietsbedürfnisse befriedigen. Der Grumsin bietet mit seinen alten Buchenbeständen und seinen Waldseen für die Rauhautfledermaus optimale Bedingungen und hat daher auch für diese Art eine herausragende Bedeutung.

Die Rauhautfledermaus, ein Zwerg von höchstens 6 cm Länge, ist zwingend auf alte Wälder mit genügend Schlafhöhlen-Angebot angewiesen (Foto: D. Nill).

Klein, aber laut: Das trifft für den Laubfrosch (oben) und für die Rotbauchunke zu. Beide finden im Grumsin sicheres Quartier (Fotos: H. Richter).

Amphibien im Grumsin

Bernd Klenk

Das Weltnaturerbe „Buchenwald Grumsin" und seine Umgebung sind ein außerordentlich bedeutender Amphibienlebensraum. Hier lebt ein Großteil der in Brandenburg vorkommenden Arten, darunter einige, die in Brandenburg und Deutschland selten geworden und auch nach der Fauna-Flora-Habitat-Richtlinie der EU geschützt sind. Innerhalb eines geschlossenen Waldes, wie im Grumsin, sind naturgemäß die von den meisten Arten bevorzugten, sonnigen, flachen und krautreichen Gewässer selten. Eines der wichtigsten Gewässer befindet sich bei Albrechtshöhe, wo unter anderem Rotbauchunke, Laubfrosch und Kammmolch vorkommen.

Rotbauchunken erkennt man im Frühling an ihrem Ruf, der wie ein melancholisches Hupen klingt und der bei großen Rufgemeinschaften zu einem einzigen flirrenden Klangteppich verschmilzt.

Die hellgrünen Laubfrösche sind zwar die kleinsten unter den heimischen Froschlurchen, ihre Rufe sind allerdings die lautesten von allen. Im Frühling kann das unverkennbare „äpp-äpp-äpp" bei großen Rufergruppen ohrenbetäubend sein. Laubfrösche kommen am Bracken- und am Buckowsee sowie an einigen Kleingewässern vor. Bei einem Waldspaziergang im August oder September kann man sie manchmal auch von den Bäumen herab rufen hören.

Molche geben keine Geräusche von sich und sind daher viel schwerer nachzuweisen. Man braucht dazu schon einen Kescher oder eine gute Taschenlampe und viel Geduld. Die urzeitlich anmutenden Kammmolche sind die größten einheimischen Molche. Mit ihrem während der Paarungszeit im Wasser hoch aufgestellten, gezackten Hautkamm an Rücken und Schwanz wirken die Männchen wie kleine Drachen.

Im Sommer begegnen dem Wanderer im Grumsin überall im Wald junge Moorfrösche, die kürzlich das Laichgewässer

verlassen haben. Sie sind teilweise so zahlreich, dass man kaum einen Fuß vor den anderen setzen kann. Mit etwas Glück kann man im Frühling am Buckowsee oder in einigen Kleingewässern und Bruchwäldern die himmelblauen Moorfroschmännchen sehen und blubbern hören.

Eine Besonderheit unter den Arten ist der Kleine Wasserfrosch (*Pelophylax lessonae*), der in einem Erlenbruch nahe des Ortes Grumsin nachgewiesen werden konnte. Die Art ist nicht ohne Weiteres von den anderen Wasserfroschformen, dem Seefrosch (*Pelophylax ridibundus*) und dem Teichfrosch (*Pelophylax esculentus*), zu unterscheiden. Aktuelle DNA-Analysen zeigen, dass der Kleine Wasserfrosch in Brandenburg tatsächlich sehr selten ist und sich am Grumsin eines des wenigen sicher nachgewiesenen Vorkommen befindet. Daneben kommen im Grumsin und seiner Umgebung weitere Arten wie Knoblauchkröte, Erdkröte, Grasfrosch, Teichmolch und Teichfrosch vor.

Der Grumsin ist auch hervorragend als Landlebensraum für Amphibien geeignet und wird ebenfalls von Tieren genutzt, die in den Gewässern der umgebenden Offenlandschaft laichen. Die Weltnaturerbefläche ist eingebettet in eine äußerst vielgestaltige Kulturlandschaft mit unzähligen besonnten Kleingewässern und Mooren. Vor allem in der nördlich angrenzenden, strukturreichen Agrarlandschaft gibt es Dutzende wertvoller Amphibienlaichgewässer.

Die Tiere finden in dem weitläufigen, strukturreichen Laubwald nicht nur reichlich Insekten und Spinnen als Nahrung, sondern auch Tagesverstecke und Winterquartiere. Diese können sich zum Beispiel unter Steinen und Totholz oder in Kleinsäugerbauten im Boden befinden.

Drei vorkommende Amphibienarten des Grumsin sind Kammmolch, Moorfrosch und Teichmolch (von oben nach unten; Fotos: B. Klenk, H. Begehold, B. Blahy). Ihre Lebensraumansprüche werden im Grumsin optimal erfüllt.

Die Insektenfauna

Thomas Schmitt

Über 75 % aller beschriebenen Tierarten des Grumsin sind Insekten. Sie repräsentieren somit einen großen Teil der gesamten biologischen Vielfalt. Vom Senckenberg Deutschen Entomologischen Institut wurde deshalb in den letzten Jahren ein großes Projekt zur Erfassung der Insektendiversität des Grumsin durchgeführt. Um die Artengemeinschaft in einem Untersuchungsgebiet repräsentativ zu erfassen, wurde wegen der sehr großen Anzahl an Insektenarten ein ganzes Team von Spezialisten eingesetzt. Für die Erfassung möglichst aller taxonomischen Gruppen werden ganz unterschiedliche Methoden angewandt. Zum Nachweis von fliegenden Insekten werden sogenannte Malaisefallen eingesetzt. Diese sehen etwa wie ein Zelt aus, das von Insekten angeflogen wird. In der Falle werden die Tiere in ein Sammelgefäß geleitet und können erfasst werden. Um bodenlebende Arten nachzuweisen, kommen oft Barberfallen zum Einsatz. Hierbei ist ein Gefäß in den Boden eingelassen, in das über den Boden laufende Individuen hineinfallen. Für den Nachweis von Blüten besuchenden Insekten bietet sich der Einsatz von Farbschalen an. Da unterschiedliche Insekten unterschiedliche Farben bevorzugen, werden Farbschalen in unterschiedlichen Farben präsentiert. Gerade nachtaktive Insekten lassen sich gut durch Licht anlocken, weshalb für diese Gruppe häufig der Lichtfang eingesetzt wird. Ergänzt werden all diese Methoden durch gezielte Netzfänge und Sichtbeobachtungen von Einzelindividuen. Durch den Einsatz vor allem von Malaisefallen gelang es dem an diesem Projekt arbeitenden Team von 20 Wissenschaftlern, 754 unterschiedliche Insektenarten im Grumsin nachzuweisen. Hierfür wurden insgesamt über 13.000 Individuen bestimmt. Diese verteilten sich auf alle größeren Insektenordnungen. Für die Käfer, die artenreichste aller Ordnungen des Tierreichs, wurden vor allem die Familien der Laufkäfer, Rüsselkäfer, Prachtkäfer, Kurzflügelkäfer, Bockkäfer und Aaskäfer untersucht. Wildbienen, Blattwespen, Goldwespen, Dolchwespen und Grabwespen wurden als Vertreter der großen Ordnung der Hautflügler bestimmt. Für Fliegen und Mücken wurden stellvertretend Schwebfliegen, Trauermücken, Pilzmücken, Gallmücken und Raupenfliegen untersucht. Bei den Schmetterlingen wurden sowohl Groß- wie auch Kleinschmetterlinge bearbeitet. Die kleineren Insektenordnungen waren durch Wanzen, Netzflügler, Heuschrecken und Libellen im Untersuchungsspektrum vertreten.

Inzwischen eine Seltenheit: Der Große Schillerfalter (*Apatura iris*), hier ein Weibchen, gehört zu den größten und eindrucksvollsten Waldschmetterlingen Deutschlands. Seine Flügelspannweite erreicht bis zu 70 mm. Diese in vielen Gegenden Deutschlands durch die Zerstörung seiner Habitate rückläufige Art kann im Grumsin noch angetroffen werden. Hier sucht er insbesondere Weiden, seinen bevorzugten Lebensraum, auf (Foto: T. Schmitt).

Unter den im Grumsin nachgewiesenen Insekten befinden sich etliche auf naturnahe Waldstandorte spezialisierte

Arten. Da solche Lebensräume in Brandenburg, wie überall in Europa, immer seltener werden, kommt diesen Spezialisten zunehmend ihre Lebensgrundlage abhanden. Es wundert deshalb nicht, dass etliche der im Grumsin bestätigten Arten auf den Roten Listen der gefährdeten Arten aufgeführt sind. Bei den Untersuchungen konnten einige Arten festgestellt werden, die zu diesem Zeitpunkt in Brandenburg bereits als ausgestorben oder verschollen galten. Unter den Trauermücken wurden sogar Exemplare von Arten gefangen, die der Wissenschaft noch unbekannt waren. Nach diesen gefangenen Individuen wurden deshalb neue Arten beschrieben. Die intensiven Erfassungen der Insektenarten des Grumsin unterstreichen die hohe ökologische Wertigkeit dieses geschützten Waldstandortes. Mit Sicherheit wurden jedoch bei Weitem noch nicht alle Arten nachgewiesen, die in diesem Waldlebensraum vorkommen, weshalb der Nachweis von weiteren seltenen und gefährdeten Arten bei künftigen Untersuchungen als gesichert angesehen werden darf.

Oben: Auch bisher unbekannte Insektenarten kommen in den Wäldern des Grumsin vor. So *Corynoptera flavosignata* (Menzel & Heller 2006), eine neu entdeckte Trauermücken-Art aus dem Biosphärenreservat Schorfheide-Chorin. Links: Habitus des Männchens ohne Genital; rechts: männliches Genital in Ventralansicht (Foto: F. Menzel).

Mitte: Die Grüne Blattwespe (*Rhogogaster viridis*) gehört zu den Pflanzenwespen. Im Bereich des Grumsin wurden 110 verschiedene, teilweise seltene Arten dieser Gruppe nachgewiesen. Die raupenähnlichen Larven dieser Wespen entwickeln sich an verschiedensten Pflanzen. Die abgebildete Art lebt und entwickelt sich an Weiden, Erlen und Birken. Sie bevorzugt feuchte und kühle Lebensräume und kann lokal recht häufig auftreten (Foto: A. Taeger).

Unten: Lange wurde die Hornisse (*Vespa crabro*) als gefährlich und angriffslustig verunglimpft. Dabei sind diese großen Wespen erstaunlich friedliebend und nützlich. Leider sind sie vergleichsweise selten geworden. Im Grumsin bieten ihnen alte hohle Bäume ausreichend Raum für den Bau ihrer Nester (Foto: C. Kutzscher).

Holzkäfer: Urwaldreliktarten und Naturnähezeiger

Martin Flade und Georg Möller

Eine besonders artenreiche und typische Gruppe stellen in unseren Buchenwäldern die holz- und pilzbewohnenden Käfer dar. In den Buchenwäldern des Biosphärenreservates wurden über 700 dieser Arten festgestellt, davon allein 200 Arten in 5 jeweils 500 m² großen Probekreisen des Untersuchungsgebietes „Grumsin West" nördlich und westlich des Großen Dabersees.

Besonders viele Käferarten leben in großvolumigen Baumhöhlen mit Mulmkörpern, in starken stehenden Baumruinen und Hochstümpfen, in dicken liegenden Baumstämmen sowie in den Fruchtkörpern einiger holzbewohnender (= lignicoler) Pilzarten. Hier leben sie einerseits vom Detritus. Das ist organischer „Abfall", der sich in Höhlen und Spalten ansammelt und von Insekten-, Vogel- und Säugernestern, Tierkadavern, zersetztem Holz usw. stammt. Andererseits leben sie räuberisch oder parasitisch in den Gängen der Larven anderer Käferarten oder von Holzameisen (z. B. der Braunen Holzameise *Lasius brunneus*). Sie jagen Milben, Käfer und andere Insekten und deren Larven oder leben von den Fruchtkörpern und Sporen lignicoler Pilze. Ihre Raupen fressen sich durch das von Pilzen angegriffene, noch lebende oder tote Holz.

Arten, die eng an solche Baumstrukturen und Pilze gebunden und in Wirtschaftswäldern bisher selten sind oder fehlen, werden Naturnähezeiger genannt. Käferarten, die in Brandenburg und Süd-Mecklenburg ausschließlich oder ganz überwiegend in unbewirtschafteten Wäldern gefunden wurden, sind auch als „Referenzwald-Indikatoren" definiert worden (Winter et al. 2003).

Die besonders spezialisierten Arten, die fast nur noch in seit mehreren Jahrzehnten unbewirtschafteten Wäldern vorkommen, weil sie z. B. besonders große Totholzmengen mächtiger Dimensionen, sehr große Baumhöhlen oder

Oben: Der Buchen-Kammkäfer (*Isorhipis melasoides*) kommt an frischeren Schürfrinnen und auch stehend austrocknenden Stämmen vor. Die Larven leben in weißfaul verpilzendem, noch hartem und assimilatreichem Holz an stehenden, offen exponierten, meist noch lebenden oder noch nicht lange abgestorbenen Laubbäumen. Der Käfer nutzt ein kleines Zeitfenster im Prozess der initialen Pilzbesiedlung frischer Splintholzstrukturen.

Unten: Der Mattschwarze Mehlkäfer (*Tenebrio opacus*) ist eine Charakterart der Baumruinen bzw. der Trockenbereiche des dicken stehenden Totholzes (Fotos: E. Wachmann).

Art	Rote Liste / Indikatorart	Lebensraum
Mulm-Zwergstutzkäfer *Aeletes atomarius*	*UR* RL 1	in großvolumigen, stehenden Baumruinen bzw. in stehenden Starkholzstrukturen in den Gängen der Braunen Holzameise und in Larvengängen anderer Holzinsekten
Zehnfleckiger Schwammkäfer *Mycetophagus decempunctatus*	*UR* RL 1	an Schiefem Schillerporling (*Inonotus obliquus*) in feuchteren, alten, naturnah totholzreichen Laubwäldern und im Saum von Erlenbrüchen und Waldmooren
Philothermus evanescens (Rindenkäfer-Art)	*UR* RL 1	bevorzugt Holz starker Abmessungen in naturnah totholzreichen, feuchteren Waldgesellschaften; auch bodennah in feucht-verpilztem Stammholz
Eremit *Osmoderma eremita*	*UR* RL 2 FFH	Larven oft gesellig im detritusreichen Mulm großer, alter Baumhöhlen und im verpilzten Holz großvolumiger Höhlen stark dimensionierter Laubbaum-Ruinen
Mattschwarzer Mehlkäfer *Tenebrio opacus*	*UR* RL 2 R1-Indik.	Charakterart der Baumruinen bzw. der Trockenbereiche des dicken, stehenden Totholzes; Larven im Nistmaterial von Höhlenbrütern und in größeren Mulmtaschen
Abraeus parvulus (Stutzkäfer-Art)	*UR* RL 2	anspruchsvoller Gast der Braunen Holzameise in Baumruinen bzw. stehenden, strukturreichen Stämmen; deutlich wärmeabhängig und feuchtemeidend
Allecula rhenana (Pflanzenkäfer-Art)	*UR* RL 2	strukturreiche Baumruinen; die Larve bewohnt trockeneren, mit Detritus angereicherten Mulm vorzugsweise in Stammhöhlen, auch in Mulmtaschen und -spalten
Pycvnomerus terebrans (Rindenkäfer-Art)	RL 1 R3-Indik.	wohl räuberisch in den Gangsystemen der Braunen Holzameise im Totholz vorwiegend stehender Stämme mit stärkerem Durchmesser bzw. in Baumruinen
Euplectus kirbyi (Palpenkäfer-Art)	RL 1	Milbenjäger in vermulmten Totholzstrukturen stärkerer Dimensionen, besonders in Laubbaum-Ruinen; bevorzugt feuchtere, naturnahe, totholzreiche Laubwälder
Latridius consimilis (Moderkäfer-Art)	RL 1	Fruchtkörper von Holzpilzen; bevorzugt Totholzbiotope, gern in und an Baumruinen an schimmelnden Pilzfruchtkörpern (z. B. Schwefelporling)
Hemicrepidius (Pseudathous) hirtus (Schnellkäfer-Art)	R1-Indik.	gebunden an humosen Boden, Wurzelholz und Stubben
Hesperus rufipennis (Kurzflügler-Art)	R3-Indik.	Charakterart der bodennahen, feuchten bis teilweise staunassen, detritusreichen Stammhöhlen in Laubbäumen stärkerer Abmessungen bzw. in Baumruinen
Enicmus testaceus (Moderkäfer-Art)	R3-Indik.	In feuchteren Waldgesellschaften (meist mit höheren Anteilen der Rotbuche) am verpilzten Astwerk z. B. der Kronenbrüche und Windwürfe

Deutschlandweit vom Aussterben bedrohte, stark gefährdete bzw. von naturnahen Waldstrukturen abhängige xylobionte Käferarten im Weltnaturerbe Grumsin (*UR* = Urwaldreliktart nach Müller et al. 2005; RL 1 = in Deutschland vom Aussterben bedroht; RL 2 = stark gefährdet; R1-Indik. = ausschließlich in unbewirtschafteten Wäldern; R3-Indik. = nur selten/ausnahmsweise in Wirtschaftswäldern; FFH = in Anhang 2 FFH-Richtlinie; Quelle: G. Möller, eigene Daten).

(sehr) seltene Pilzarten benötigen, werden Urwaldreliktarten genannt (Müller et al. 2005). Während in der seit über 100 Jahren unbewirtschafteten Kernzone „Fauler Ort" im Norden des Biosphärenreservates insgesamt 18 Urwaldreliktarten gefunden wurden, sind es in der erst 30 Jahre unbewirtschafteten Kernzone des Grumsin bisher immerhin sieben.

Libellen im Grumsin

Rüdiger Mauersberger

Dass ein Buchenwald-Weltnaturerbegebiet auch einen wichtigen Lebensraum für Wasser bewohnende Insekten darstellt, ist nicht selbstverständlich. Im Grumsin bilden die fünf eingelagerten kleinen Seen und einige Moore die Grundlage für eine sogar recht reichhaltige Libellenfauna. Insgesamt wurden bisher 39 verschiedene Arten in diesem kleinen Gebiet nachgewiesen (eigene Untersuchungen 1991–2014).

Weil die letzte Eiszeit an dieser Stelle die höchste Erhebung Nordbrandenburgs hinterlassen hat, ist das Gebiet hydrologisch von Wasserscheiden und kleinen Einzugsgebieten geprägt: Es fließt daher kein Wasser von anderswo zu. Demzufolge gibt es keine Fließwasserlebensräume im Gebiet, die spezialisierten Libellenarten als Habitat dienen könnten. Dennoch konnten zuweilen die Gebänderte Prachtlibelle (*Calopteryx splendens*) und die Gemeine Flussjungfer (*Gomphus vulgatissimus*) im Grumsin beobachtet werden. Erstere ist für ihr weites Umherstreifen bekannt; die einzelnen anzutreffenden Tiere stammen wahrscheinlich vom Oberlauf der Welse oder von noch weiter her. Die Flussjungfer hingegen ist in der Lage, auch sandige Seeufer zu besiedeln, wo Wellenbewegungen wie im Fließgewässer für gleichmäßige Sauerstoffgehalte sorgen. Derartige Bedingungen findet die Art, die z. B. am nahe gelegenen

Kleinlibellen	
Gemeine Weidenjungfer	*Chalcolestes viridis* (Van der Linden, 1825)
Hufeisen-Azurjungfer	*Coenagrion puella* (Linnaeus, 1758)
Fledermaus-Azurjungfer	*Coenagrion pulchellum* (Van der Linden, 1825)
Großes Granatauge	*Erythromma najas* (Hansemann, 1823)
Große Pechlibelle	*Ischnura elegans* (Van der Linden, 1820)
Frühe Adonislibelle	*Pyrrhosoma nymphula* (Sulzer, 1776)
Blaue Federlibelle	*Platycnemis pennipes* (Pallas, 1771)
Großlibellen	
Braune Mosaikjungfer	*Aeshna grandis* (Linnaeus, 1758)
Keilfleck-Mosaikjungfer	*Aeshna isoceles* (Müller, 1767)
Herbst-Mosaikjungfer	*Aeshna mixta* (Latreille, 1805)
Kleine Königslibelle	*Anax parthenope* (Selys, 1839)
Früher Schilfjäger	*Brachytron pratense* (Müller, 1764)
Falkenlibelle	*Cordulia aenea* (Linnaeus, 1758)
Zweifleck	*Epitheca bimaculata* (Charpentier, 1825)
Glänzende Smaragdlibelle	*Somatochlora metallica* (Van der Linden, 1825)
Spitzenfleck	*Libellula fulva* (Müller, 1764)
Vierfleck	*Libellula quadrimaculata* (Linnaeus, 1758)
Großer Blaupfeil	*Orthetrum cancellatum* (Linnaeus, 1758)
Blutrote Heidelibelle	*Sympetrum sanguineum* (Müller, 1764)
Gemeine Heidelibelle	*Sympetrum vulgatum* (Linnaeus, 1758)

Typische Libellenarten der Seen im Grumsin – Arten, die sich in mindestens drei der fünf Seen fortpflanzen (Quelle: R. Mauersberger).

Artenreicher Libellenlebensraum am Buckowsee: Ein von Teichrosen und Tausendblatt durchsetztes Röhricht des Schmalblatt-Rohrkolbens (Foto: R. Mauersberger).

Parsteiner See häufig ist, nur an einer einzigen Stelle im Grumsin: am Ostufer des Brackensees, wo sie sich vereinzelt reproduziert.

Die meisten Libellenarten im Gebiet schätzen die Verlandungszonen und Schwimmblattrasen der kleinen windgeschützten, eutrophen Seen. Am regelmäßig untersuchten Buckowsee – u.a. im Rahmen der ökologischen Umweltbeobachtung des Biosphärenreservates – konnten bisher 32 Libellenarten festgestellt werden, 29 am Dabersee und 28 am Brackensee.

Auffällig sind die hellblau- und schwarz gefärbten Azurjungfern, die mit vier Arten im Gebiet vertreten sind, wovon die in Deutschland immer seltener werdende Fledermaus-Azurjungfer (*Coenagrion pulchellum*) an den fünf kleinen Seen dominiert. Überaus häufig ist die metallisch-grün glänzende Falkenlibelle oder Gemeine Smaragdlibelle (*Cordulia aenea*), von der alljährlich im Mai z. B. am Buckowsee oft sechs Tiere je Meter Uferlinie schlüpfen. Eine in Deutschland seltene Libelle, der Zweifleck (*Epitheca bimaculata*), der an allen fünf Seen bodenständig ist (Mauersberger 2006) und damit auch als Wappentier dieses naturnahen Waldgebietes gelten könnte, soll besonders hervorgehoben werden. Es handelt sich um eine große, aber dennoch recht unauffällige Art mit einer durchschnittlich dreijährigen Larvenentwicklungszeit im Wasser, die nur an wenigen Tagen im Frühsommer bei sonnigem Wetter weit draußen über den Seeflächen ihre Patrouillenflüge unternimmt. Es wird vermutet, dass die Tiere den überwiegenden Teil ihres etwa vierwöchigen Lebensabschnittes als fliegendes Insekt über den Kronen der Buchen verbringen. Ein Beweis für diese These steht noch aus und ist auch nur schwer zu erbringen.

Im Buckowsee und im Großen Dabersee pflanzen sich mit der Zierlichen Moosjungfer (*Leucorrhinia caudalis*) und der Großen Moosjungfer (*L. pectoralis*) seit einiger Zeit auch zwei Libellenarten fort, die in der FFH-Richtlinie der EU gelistet und damit besonders zu schützen sind. Auslöser für die Ansiedlung am Dabersee war die veränderte Uferstruktur nach Wiederanhebung des Wasserstandes in den 1990er Jahren. Aber auch der Klimawandel könnte eine Rolle spielen (Mauersberger 2009).

Zwei weitere FFH-Arten, die Sibirische Winterlibelle (*Sympecma paedisca*) und die an die Wasseraloe oder Krebsschere gebundene Grüne Mosaikjungfer (*Aeshna viridis*), wurden vereinzelt im Grumsiner Forst angetroffen. In den Mooren und Sümpfen, insbesondere an der Schwarzen Wiese und in der Daberseeniederung, wurden spezialisierte, moorliebende Libellenarten wie die Kleine Binsenjungfer (*Lestes virens*), die Gefleckte Smaragdlibelle (*Somatochlora flavomaculata*), die Schwarze Heidelibelle (*Sympetrum danae*) und die Nordische Moosjungfer (*Leucorrhinia rubicunda*) nachgewiesen, die von den Wiedervernässungsmaßnahmen der Biosphärenreservatsverwaltung profitierten.

Der Frühe Schilfjäger (*Brachytron pratense*) aus der Gruppe der Mosaikjungfern, hier ein reifes Männchen, kommt an allen Seen des Gebietes vor. Seine Larven leben an vertikalen Strukturen im flachen Wasser (Röhricht, Seggenried oder Totholz) und sind durch ihre Tarnhaltung und den „slow lifestyle" gut an das Zusammenleben mit Fischen angepasst (Foto: R. Mauersberger).

Die Libellenfauna des Weltnaturerbe-Gebietes Grumsin kann als Referenz für nahezu unverfälscht natürliche Verhältnisse in einer mitteleuropäischen, von nährkräftigen Böden dominierten Jungmoränenlandschaft dienen.

Neugrimnitz
5,7 km
Sperlingsherberge
3,6 km

Ein Blick in die frühe Besiedlungsgeschichte der Uckermark

Beate Blahy

Der Grumsin, ein Buchenwald auf steinigem, stark bewegtem Grund, liegt eingebettet in der Uckermark, einer Landschaft im Nordosten des heutigen Landes Brandenburg mit einer langen wechselvollen Geschichte.
Während der Jüngeren Altsteinzeit (Alleröd-Interstadial, 11.700 bis 10.900 v.u.Z.), bald nach der letzten Eiszeit, begann die Besiedlungsgeschichte. Die Menschen, die hierherkamen, fanden raues, bewaldetes Land, zahlreiche Gewässer, Moore und Heiden vor. Attraktiv für sie waren die hohen Wilddichten nacheiszeitlicher Wildarten wie Elch, Braunbär, Ur, Wildpferd, Reh- und Rotwild, Biber, Fischotter, Luchs, Dachs und weitere. Jäger, Fischer und Sammler kamen aus dem Thüringischen und zogen umher, immer der Nahrung nach. Nur langsam vollzog sich der Übergang von dieser ursprünglichen Existenz hin zu Sesshaftigkeit mit Ackerbau und Viehzucht. Beide Lebensformen existierten über mehrere hundert Jahre nebeneinander, ehe die Menschen die nomadisierende Lebensweise aufgaben. In der mittleren Steinzeit (Nachweise belegen die Anwesenheit des Menschen in der mittleren Steinzeit ca. 6.400 v.Chr.) finden sich Hinweise auf bereits siedelnde Menschen sowie Jäger und Sammler im selben Gebiet. Ihre Anwesenheitszeichen finden sich u.a. im Randowtal bei Löcknitz, am Wolletzsee, am Felchow- und am Grimnitzsee. Das Nebeneinander der beiden sehr unterschiedlichen Existenzformen – Sesshaftigkeit und Nomadentum – wird eindrucksvoll bestätigt durch den Zufallsfund zweier Gräber auf dem Rollmannsberg bei Schwedt 1961/62. Schüler fanden zwei Gräber aus der Zeit von 4.700 bis 4.500 v.u.Z., in denen ein jungsteinzeitlicher Ackerbauer aus der Bandkeramischen Kultur und ein mittelsteinzeitlicher Jäger bestattet worden waren.

Die Herkunft der ersten Ackerbauern in Europa wird im Gebiet der Unteren und Mittleren Donau gesehen. Von dort kamen Gruppen auf der Suche nach neuen, fruchtbaren Ländereien in die heutige Uckermark. Das waren sogenannte Bandkeramiker, benannt nach der sehr charakteristischen Musterung ihrer Haushaltskeramiken. Die in der Uckermark gefundenen Stücke deuten auf die Herkunft aus böhmischen Gebieten hin und weisen die typische Musterung der Bandkeramiker auf. Die uckermärkischen Fundorte sind die nördlichsten in Europa. Ein Dorf wurde am Westufer des Unteruckersees nahe dem heutigen Zollchow gefunden, ein anderes bei Prenzlau.
Nach dem Ende der Eiszeit vor ca. 12.000 Jahren folgte eine Klimaerwärmung, die nicht kontinuierlich verlief. Ergebnis war eine Wiederbewaldung mit veränderten Waldbildern, von den anfänglichen Tundren führte die Entwicklung zu mehr wärmeliebenden Arten wie Hasel, Eiche und Kiefer hin. Die Buche, die den Grumsin heute so eindrucksvoll prägt, kam als letzte Art. Sie profitierte von der zunehmenden Auflichtung der Wälder durch den Menschen, fand ihre Nische und damit den Beginn ihres Siegeszugs durch Europa, der noch immer andauert.
Die gesamte Uckermark ist reich an Grabstätten aus der Steinzeit mit Großsteingräbern und Uckermärkischen Steinkistengräbern, mit Hügelgräbern aus der Bronzezeit, mit reichlichen Funden steinerner Werkzeuge und Waffen. Auch im Grumsin gibt es Belege für eine frühe Anwesenheit des Menschen. Große flache Steine wurden als Opferstätten erkannt, steinernes Werkzeug fand sich im gesamten Umfeld des Grumsin. Von einer Beackerung war der Grumsin aber weitgehend ausgenommen – zu steinig, zu uneben war das Gelände. Trotzdem lebten hier immer wieder Menschen. Vermutlich wurden auch kleinere Felder angelegt, die aber nach wenigen Jahren wieder aufgegeben wurden. Der Wald dominierte jedoch immer die Landschaft.

Mit dem Beginn der Zeitrechnung siedelten germanische Stämme in der Uckermark, bis sie während der sogenannten Völkerwanderung, die im engeren Sinne eine keineswegs homogene Wanderbewegung vor allem germanischer Gruppen nach Mittel- und Südeuropa war, im Zeitraum von circa 375/376 bis 568 wieder verschwanden. Sie flohen vor den kampflustigen Kriegergruppen der Hunnen, die etwa im 4. Jahrhundert in Mitteleuropa einfielen. Bis heute ist nicht geklärt, welche Völker sich hinter dem gefürchteten Wort „Hunne" verbargen. Sicher ist nur, dass sie vor dem Aufbruch gen Westen im Raum zwischen Don und Wolga lebten und eine nomadische bis halbnomadische Lebensweise pflegten. Sie fielen in die westlichen Landschaften mit völlig unbekannten Kampftechniken auf schnellen Pferden ein. Ihr Tempo und ihre kompromisslose Grausamkeit beim Niedermachen der Bevölkerung waren gefürchtet. Der Ruf „Die Hunnen kommen!" löste mehr als ein Jahrhundert lang Angst und Schrecken bei den Menschen aus. So wie sie gekommen waren – aus dem Unbekannten –, so verschwanden sie schließlich wieder.
Aus dieser Zeit stammt ein wertvoller Goldfund in der Nähe des Dorfes Biesenbrow: Acht goldene Münzen, jede etwa 4,4 g schwer, sogenannte Solidi aus der Völkerwanderungszeit im 6. Jahrhundert, wurden im November 2011 verstreut in den Tiefen eines Ackers gefunden. Sie stammen ursprünglich aus Konstantinopel und Rom, teilweise sind es auch Prägungen der germanischen Könige aus dem 5. und 6. Jahrhundert. Das Gold ist wahrscheinlich um das

Oben: Von der Wüsten Kirche Berkenlatten südlich von Gerswalde, erbaut um 1250 und ursprünglich dem Dorf Bischofshagen zugehörig, blieben nur die Giebel zurück, das Dorf ist längst verschwunden (Foto: K. Pape).

Unten: Eines der vielen Großsteingräber in der Uckermark. Der Landkreis gehört zu den Regionen mit der höchsten Dichte an Bodendenkmalen (Foto: B. Blahy).

Jahr 550 in nahezu menschenleerer Wildnis in den Boden gelangt, möglicherweise auf der Flucht. Denn bisher haben keinerlei Ausgrabungsfunde eine Besiedlung dieser Gegend zu jener Zeit belegt: Die Germanen waren bereits nach Süden und Westen abgewandert, die Slawen noch nicht angekommen. Eine erneute dichtere Besiedlung erfolgte erst wieder in den folgenden Jahrhunderten durch slawische Stämme, namentlich Ukranen, Retschanen und Liutizen, die in der Zeit des 5. bis 7. Jahrhunderts aus dem Osten Europas einwanderten. Sie breiteten sich nach und nach westwärts aus und prägten das Land mit ihrer Lebensweise in kleinen Siedlungen, die von Fischerei, Jagd und bescheidenem Ackerbau geprägt war. Häufig gründeten sie ihre Niederlassungen in Wassernähe, etwa an der Oder im Süden, zwischen Kleinem und Großem Krinertsee weiter nördlich, oder auch zwischen zwei Seen im Grumsin.

Das Wort „Uckermark" benennt die Ukranen als slawischen Stamm in einer Mark, also einem „Grenzland". Die Ukranen lebten ca. 500 Jahre in der Uckermark. Noch bis ins 13. Jahrhundert hinein wurde das Land in schriftlichen Quellen als terra ukera bezeichnet. Mit dem Friedensvertrag von Landin 1250 wurde erstmals die Zuordnung großer Teile der heutigen Uckermark zu den Besitzungen der askanischen Markgrafen schriftlich festgehalten. Unter Abtretung der bisherigen Rechte des Pommerschen Herzogs Barnim I. kehrte zwischen beiden Herrscherhäusern vorerst Friede ein. Bis dahin war die Uckermark über lange Jahrhunderte kein friedlicher Ort. Immer wieder erschütterten kriegerische Auseinandersetzungen zwischen den pommerschen und askanischen Herrschern das Leben in den kleinen Siedlungen. So wurden an vielen Orten Burgen errichtet, die als Fluchtorte dienten, um die Bevölkerung zu schützen und Feinde abzuwehren. Burg Stolpe als Pommernburg stand einer pommerschen Burg in Oderberg gegenüber, die auf slawischen Wallresten errichtet worden war. Auch die Burg Greiffenberg war anfangs pommerscher Besitz,

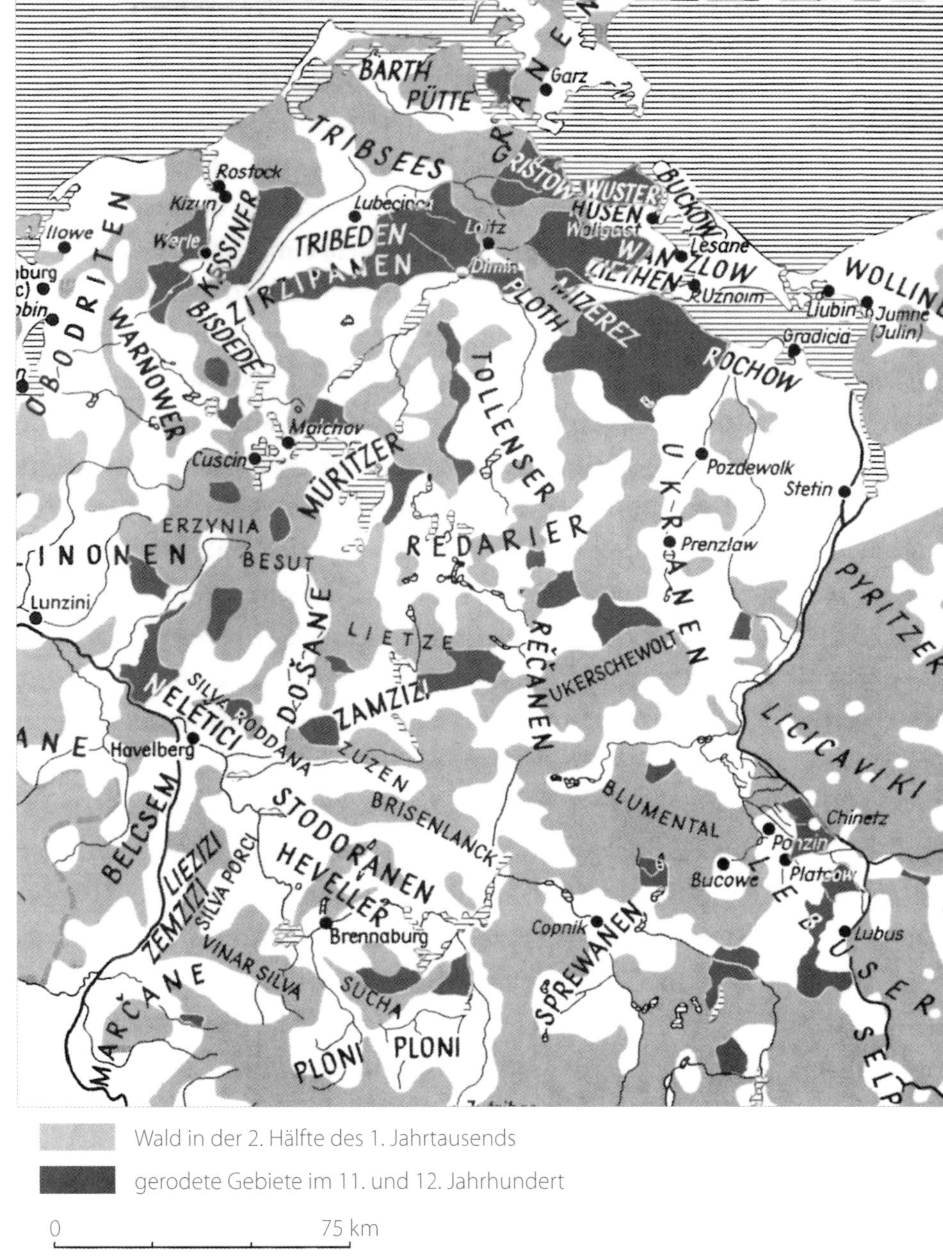

Slawische Siedlungs- und Stammesgebiete westlich der Oder und Neiße im Mittelalter (Quelle: nach Michas 2003: 17).

wechselte aber mehrmals zwischen der Mark Brandenburg und den Pommernfürsten hin und her. Südwestlich davon wurde die Burg Grimnitz für askanische Herrscher als Jagdsitz errichtet. Sie wurde bereits 1297 in Schriften erwähnt, verfiel ab 1340 und wurde erst knapp 200 Jahre später nochmals aufgebaut.

Es findet sich auch im Grumsin ein Ort, an dem eine slawische Burg gestanden hat. Sie lag strategisch günstig zwischen zwei Seen, auf einem Hügel mit steilen Hängen, in hervorragender Verteidigungslage. Ihre außergewöhnliche Größe spricht für die große Bedeutung der Burg, die gewiss in die weitere Umgebung ausgestrahlt hat. Heute findet sich davon nicht mehr viel. Nur halb versunkene Steinsetzungen auf der Kuppe eines Hügels und die ehemalige Auffahrt zur Burg sind noch erkennbar. Funde sind dort zumindest oberflächlich nicht mehr zu machen. Eine gründliche archäologische Untersuchung des Bodendenkmals steht noch aus.

In den Jahren 1176–78 gründeten Prämonstratenser im uckermärkischen Ort Gramzow ein erstes Kloster im Machtbereich der Pommernherzöge. Zisterziensermönche kamen gut 70 Jahre später in die südliche Uckermark und begründeten bei Chorin ein Kloster mit großer Strahlkraft, das als Grablege der askanischen Herrscherfamilie dienen sollte. Der schon nach wenigen Jahrzehnten aufgegebenen Klostergründung auf der Halbinsel Pehlitzwerder im Parsteinsee (Kloster Mariensee) folgte ein neuer Klosterbau in Chorin, wo seit 1273 bis zum heutigen Tag das mächtige gotische Backsteinbauwerk noch immer aufragt und neben dem christlichen Glauben auch den Machtanspruch der damaligen askanischen Herrscher repräsentiert.

Im 13. Jahrhundert entschieden sich durch die politische und militärische Übermacht deutscher Kolonisatoren die zukünftigen Besitzverhältnisse. Die Slawen mit ihrer einfachen Lebensweise und ihrer schlichten Bewaffnung unterlagen trotz beharrlichen Widerstands. Mit der Klostergründung in Chorin kamen Kulturtechniken, Garten- und Feldbau und die Fischwirtschaft in speziell angelegten Teichen in die Region. Damit stiegen die land- und fischwirtschaftlichen Erträge deutlich an, die Bevölkerung wuchs.

Ende des 13. Jahrhunderts errichtet aus Backsteinen im Klosterformat: die Ruine des Klosters Chorin fasziniert noch immer und zieht jedes Jahr Tausende Gäste an (Foto: K. Pape).

Die Stifter, askanische Markgrafen, belehnten das Kloster mit reichlich Landbesitz, der bis an das Waldmassiv des Grumsin und sogar bis hinauf nach Greiffenberg reichte.

Wald und Wild waren Ressourcen, deren Nutzung sich die Herrscher sicherten. Um das Wild am Auswechseln nach Norden zu den Pommernfürsten zu hindern und um Wildschäden auf landwirtschaftlichen Flächen zu vermeiden, wurde bereits im 16. Jahrhundert ein etwa 80 km langer Wildzaun quer durch die südliche Uckermark errichtet. Er reichte von Zehdenick im Westen bis nach Oderberg im Osten. Der Dreißigjährige Krieg machte alle Mühen zunichte, das Land leerte sich, der Zaun verfiel. Soldaten des Großen Kurfürsten Friedrich Wilhelm I. erneuerten ihn, doch 50 Jahre später lag er erneut nieder. Nun wurden zahlreiche sogenannte Zaunsetzerstellen, winzige Ansiedlungen mitten im Wald, eingerichtet. Einzelne Familien hatten den ihnen zugewiesenen Abschnitt, jeweils ca. 6 km lang, regelmäßig zu überprüfen und zu reparieren. Die Zaunsetzer erhielten für ihre Dienste eine kleine Bauernstelle mit Dienstland zur eigenen Bewirtschaftung. Noch heute sind die Zaunsetzerstellen in ihren Resten nachweisbar, so die kleine Siedlung „Zaun" südlich von Brodowin, die Reste des Dorfes Mellin, welches seinen Ursprung in einer Zaunsetzerstelle hatte, und auch die kleine Waldsiedlung Grumsin hatte darin ihren Beginn.

Schon 1720 war der Zaun wiederum stark verfallen, u. a. weil der damalige Herrscher, König Friedrich der Große, andere Pläne mit den Zaunsetzerstellen verfolgte, um die Wirtschaftlichkeit des Landes zu erhöhen. Die Zaunsetzerstellen behielten ihre Funktion zwar bei, wurden aber häufig zu Vorwerken zusammengelegt und verpachtet. Der König hatte damit Mehreinnahmen für die Domänenkasse im Sinn. Vorwerke verfügten über mehr Gebäude und erfüllten weitergehende Funktionen als eine Zaunsetzerstelle, die nur der ansässigen Familie diente. Sie waren ausgelagerte Bauernwirtschaften von Gütern bzw. Gutshöfen, die in entfernter liegenden Flächen der Gutsbesitzer errichtet wurden. Das verkürzte die Anfahrtswege und verbesserte die Kontrolle und Aufsicht über die Flächen.

Auch sogenannte Aussiedlungen wurden vorgenommen, allerdings erst nach der Separation Anfang des 19. Jahrhunderts. Damals fand eine frühe Form der Flurneuordnung statt. Durch Flächenarrondierungen wurden viele, früher als Allmende allen zugängliche Flächen privatisiert. Durch kürzere Wege und größere zusammenhängende Flurstücke stieg die Effektivität der Landwirtschaft. Von den Flächen um den heutigen Grumsin wurden als Ausgleich auch Waldstücke an Bauern übertragen, die sie abholzten und zu Acker oder Wiese umnutzten. Damit einher ging eine deutliche Verkleinerung des großen Grumsiner Buchenwaldes. Es entstanden einige Ausbauten nahe am Wald und an den neu gewonnenen Flächen, aber außerhalb der Dörfer. Siedlungen wie Sperlingsherberge oder Luisenfelde südlich des Grumsin gehören dazu.

Der Holzbedarf für vorindustrielle Nutzungsformen führte zu enormen Abholzungen, als Glashütten, Teeröfen, Pottaschesiedereien und Kalköfen entstanden. Die alten Wälder schwanden rasch. So wurde im Jahr 1705 eine Glashütte begründet, wo sich heute das Dorf Senftenhütte befindet. Dort wurden große Mengen grünen Flaschenglases hergestellt, das äußerst beliebt war und großenteils nach Berlin und Magdeburg verkauft wurde. Die Glashütte zog wegen Holzmangels in der Nähe einmal um und wurde 1772 endgültig geschlossen, weil sämtliches erreichbares Holz verbraucht war. Zurück blieben die Räumden, die Blößen im Wald.

Alte Dokumente belegen, dass die Wälder im Joachimsthalschen, Grimnitzischen und Angermünder Raum damals deutlich größer und geschlossener waren. Klein Ziethen, heute ebenso wie Groß-Ziethen frei in offener Landschaft liegend, war noch in der Mitte des 15. Jahrhunderts ein Heidedorf, also von Wald umgeben. Und noch die berühmte Schmettau'sche Karte, die 1780 erstellt wurde, zeigt eine Verbindung des heutigen Angermünder Stadtwaldes mit dem Grumsin. Nach Süden reichte ein Waldriegel vom Grumsin bis nach Althüttendorf.

Holznutzung gehört bis heute zu den wichtigen Erwerbszweigen der Region. Auch im Grumsiner Forst wird außerhalb der Kernzone gewirtschaftet und geerntet (Foto: B. Blahy).

So spiegeln die Verhältnisse um die brandenburgischen Wälder sowohl politischen Willen als auch wirtschaftliche Anforderungen wider. Die Veränderungen in den natürlichen Verhältnissen hängen überwiegend mit den Eingriffen des Menschen zusammen, der seit seiner Ankunft die natürliche Ressource Wald zu seinen Zwecken nutzte. Der Grumsin blieb seit seiner postglazialen Entstehung ein Wald, auch wenn es Nachweise dafür gibt, dass ihm zeitweise Blößen geschlagen wurden, deren Spuren noch heute von kundiger Wissenschaft gefunden werden. Im Jahre 1820 wurden 70 ha unbewaldete Blößen im Grumsin vermessen.

26 Jahre später lagen bereits 223,5 ha Fläche ohne Wald – die alten Bäume waren entnommen, junge wegen des hohen Weidedrucks des Viehs und des Wildverbisses nicht aufgekommen. Die Bauern trieben Rinder, Schweine, Ziegen und Schafe zu Tausenden in die Wälder, insbesondere zu Mastzeiten, wenn Eicheln und Bucheckern reichlich gefallen waren. Damit entlasteten sie den eigenen Futtervorrat, sorgten aber für die nachhaltige Unterbindung eines natürlichen Jungwuchses im Wald, da alles den hungrigen Mäulern zum Opfer fiel und kein junger Baum mehr aufwachsen konnte. Reste dieses verheerenden Missbrauchs im Wald sind noch heute als sogenannte Hute-Eichen in der Schorfheide und in der südlichen Uckermark bei Oderberg zu sehen. Gewaltige, charaktervolle Alteichen, schon damals zu groß, um abgefressen zu werden, stehen in weitem Abstand zueinander als einzige Überlebende einer Zeit des Kahlfraßes.

Bereits Ende des 17. Jahrhunderts waren die schädlichen Folgen dieser Nutzungsform erkannt. Die Obrigkeit versuchte sie durch Weiderechte und andere Regelungen wieder einzuschränken. Ab dem frühen 18. Jahrhundert wurde die Waldweide verboten, doch fehlende Kontrollen und ein Mangel an Viehfutter führten immer wieder zu Übertretungen der Gesetze. Trotzdem blieben große Flächen des Grumsin unangetastet. Gerettet hat sie wohl die enorme Reliefenergie der gestauchten Endmoräne, die den damaligen Bewirtschaftern das Arbeiten erschwerte oder unmöglich machte, sodass dort eine Nutzung und Holzentnahme weitestgehend unterblieb.

Im Wald sahen unsere Vorfahren eine Schatzkiste an nutzbaren Rohstoffen. Sie nutzten sie, mitunter über das Maß des Verträglichen hinaus. Auch uns ist heute der Grumsin eine Schatzkiste, aber wir beschränken uns auf das Hineinblicken und sind dankbar, dass ein Naturschatz erhalten blieb, der noch unseren Nachkommen dienen wird – allerdings nicht in hergebrachter Weise. Solche alten Wälder sind neben ihrer Rolle als Geschichtsbücher der Natur auch Quellen neuen Reichtums an Lebensvielfalt, und das ist ihren Erhalt durchaus wert.

Die Menschen und der Grumsin: Die Dörfer und ihre Bewohner

Roland Schulz

Beginnen wir mit einem kurzen Zeitsprung, etwa 5.000 Jahre zurück in die Vergangenheit. Bereits damals war der Grumsin, die Rotbuchen mögen auf ihrer nacheiszeitlichen Rückwanderung vom Schwarzen und Kaspischen Meer gerade die Uckermark erreicht haben, begehrtes Siedlungsland. Mehr als 30 frühbronzezeitliche Hügelgräber im und um den nordöstlichen Grumsin zeugen bis heute davon.

Über die folgenden Jahrtausende blieb der Grumsin bewaldet. Das verdankt er in erster Linie seinem ausgeprägten Relief mit ständigen Auf und Ab auf engem Raum. Ackerbau und Grünlandwirtschaft waren hier nie lukrativ.

Sein Aussehen blieb stets innig mit dem der hier lebenden und wirtschaftenden Menschen verbunden. Eine lange Atempause erlebte der Grumsin im Dreißigjährigen Krieg und den „menschenleeren" Jahrzehnten nach dem Westfälischen Frieden 1648. Das Gros der Menschen war ermordet, verhungert, vertrieben; ihre Dörfer weitgehend verlassen, wüst.

In Groß-Ziethen hatten ein Bauer und ein Kossät (Kleinbauer), in Schmargendorf drei Kossäten nebst Familien den Krieg überlebt. Größere Aufbauleistungen waren mit dieser Kopfzahl auf lange Sicht unmöglich. Das änderte sich mit den Hugenotten, Glaubensflüchtlingen aus den Mittelgebirgen Frankreichs, der Normandie, Flandern, den Niederlanden. Die ersten erreichten mit ihren Pferdefuhrwerken 1686 die Uckermark.

Sie erhielten Felder, die über Jahrzehnte brach gelegen hatten, Felder, auf denen längst Wald wuchs, Jahrzehnte alte Bäume, die es mit Axt und Säge mühsam zu roden galt, Baum für Baum. „Der ersten Generation den Tod, der zweiten die Not und der dritten das Brot". Die Menschen vor rund 330 Jahren hatten kaum eine Wahl. Sie müssen in Generationen gedacht, gehandelt, gelebt haben. Geblieben sind bis heute rund um den Wald Namen derer, die hier ihre neue Heimat schufen: Mercier, Manoury, Dupont, Villain, Voge … Ja, Voge, eine beschwingte Geschichte, die später erzählt werden soll.

Weiter in der Lebenslinie des Grumsin. Bis zur Separation im 19. Jahrhundert wurde er in erster Linie landwirtschaftlich genutzt. Mit einer bedeutenden Ausnahme: Dem eiskalten Winter von 1739 auf 1740 und den Folgejahren. Den Großteil seines Aufstiegs zur europäischen Großmacht finanzierte das junge Königreich Preußen durch den Verkauf zahlreicher Alteichen nach England und Holland. In diesem Eiswinter mit sieben (!) Monaten Dauerfrost und Temperaturen von unter –39°C platzten unzählige Eichen. Sie wurden bis 1755 eingeschlagen, zum nächsten großen Gewässer transportiert und von dort an ihre Zielorte geflößt. Nach Rotterdam, Amsterdam, London. Was für ein Aufwand für Mensch und Zugtier!

Die erste Glashütte Brandenburgs war bereits 1601 am Grimnitzsee nahe der Burg Grimnitz in Produktion gegangen. Als um 1722/23 die dritte Glashütte zwischen dem Vorwerk Grimnitz und dem „Alten Hüttendorf" errichtet war, wurden die Zaunsetzerstellen Kleinfeld und Regeling zu den Vorwerken Grumsin und Mellin erweitert. Hier wurden Lebensmittel für die neuen Glasmacherfamilien erzeugt.

Mit diesen neuen Vorwerken beginnt eine stärkere Besiedlung des Grumsin (Buchholz 1937). Vorwerke sind mit heutigen Aussiedlerhöfen vergleichbar. Die neu in der Feldmark errichteten Höfe ersparten Mensch und Zugvieh weite Wege zu Äckern und Wiesen.

Ab 1750 wuchsen die kleinen Vorwerke auf Geheiß Friedrich des II. und boten Kolonisten und Kleinbauern, „Büdnern", eine neue Heimat. So wurden 1764 die um den Grumsin gelegenen Vorwerke Alte Hütte und Schmargendorf mit Kolonisten besetzt.

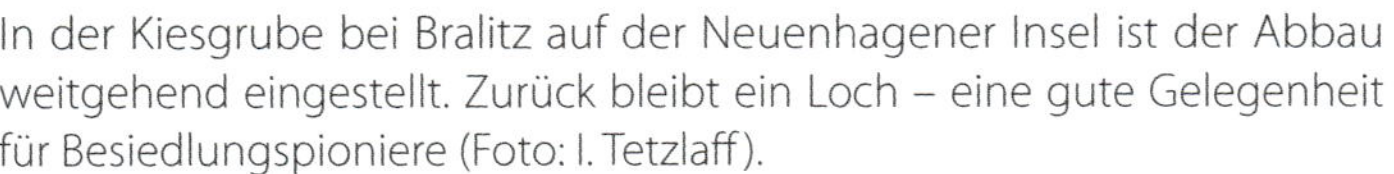

In der Kiesgrube bei Bralitz auf der Neuenhagener Insel ist der Abbau weitgehend eingestellt. Zurück bleibt ein Loch – eine gute Gelegenheit für Besiedlungspioniere (Foto: I. Tetzlaff).

Nicht alles konnte geborgen werden: behauener Stein, versunken im Erlenbruch (Foto: B. Blahy).

Bei dieser Kolonisation erhielten häufig ausgediente Soldaten Land am Rande der großen Heide (Buchholz 1937). In der Regel Forstland, das sie rodeten. Vom Ertrag hatten sie geringen Zins abzugeben. Weitere sogenannte Ausbauten direkt am Grumsin sind Luisenfelde (1845) und Sperlingsherberge (1888/89; vgl. Luthardt, Schulz, Wulf 2004: 22).
1824 wurde das Vorwerk Louisenhof errichtet. Bauerngüter wie Töpferberge 1844 bei Klein Ziethen wurden ausgebaut. Ein Heidevorwerk, ab 1861 Zuchenberg genannt, entstand. Damit war das heutige Siedlungsband um den Grumsin komplett. Die größeren Dörfer wie Altkünkendorf, Schmargendorf, Klein und Groß-Ziethen sowie Althüttendorf und Neugrimnitz liegen alle im gebührenden Abstand, in der Regel einige hundert Meter, vom Wald entfernt. Dicht am Wald stehen Louisenhof, Zuchenberg und Luisenfelde. Töpferberge und Sperlingsherberge schmiegen sich direkt an die Waldgrenze. Einzig die namengebende ehemalige Zaunsetzerstelle Grumsin liegt bis heute mitten im Wald.
Seit alters her besaßen die Dörfer verbriefte Weiderechte. Bis etwa 1750 bildete die Schweinemast im Grumsin die bedeutendste Einnahmequelle. Um die höchstmögliche Masteinnahme zu erhalten, erließ der große Kurfürst zwischen 1674 und 1719 elf Edikte, in denen er seinen Untertanen befahl, ihre Schweine nur in seine Waldungen einzutreiben.
Als der Kartoffelanbau die Stallhaltung ermöglichte, wurden die Wälder für Schafe, Pferde und Rinder geöffnet. Fast über ein ganzes Jahrhundert, etwa von 1750 bis 1840, weideten im Revier Grimnitz jährlich mehr als 10.000 Schafe, 2.000 Stück Rindvieh und 500 Pferde (Hausendorff 1940/41). Klar, dass sich die Bäume unter all diesen hungrigen Mäulern nicht mehr verjüngen konnten. So sollte

jährlich ein Sechstel der Waldfläche in Schonung gelegt werden. Doch Gebote wurden häufig missachtet. So rügten Forstbedienstete bei einer Bereisung des Grumsiner und Schmargendorfer Forstes um 1800 das Misslingen vieler Verjüngungsflächen.

Aus Furcht vor einer drohenden Holznot wurde am 7. Juni 1821 das „Gesetz nach der Gemeinheitstheilung" erlassen. Alte Nutzungsrechte im Wald wie Viehweide wurden im Rahmen dieser „Separation" über viele Jahrzehnte abgelöst. Vergütet wurden diese Nutzungsaufgaben meist mit Waldflächen. Ein Betriebsplan von 1837 belegt, dass vom Forstbelauf Althüttendorf die Jagen 108, 109 und ein Teil des Jagens 115 als Hütungsabfindung an Althüttendorfer Bauern zur freien Benutzung abgegeben wurden. Diese Flächen wurden in aller Regel gerodet und zu Acker- oder Grünland. Im Gegenzug wurden in diesem Fall rund 1.000 Morgen, 255 ha, hütungsfrei (Schäfer & Hornschuch 1998).

Die Separation veränderte die Waldgrenzen ein vorerst letztes Mal entscheidend.

Diese Ablösung alter „Waldgerechtigkeiten" zog sich im Gebiet des heutigen Grumsin bis ins Jahr 1923 hin. Das Gros der Rinder wurde längst ganzjährig im Stall gehalten, die Schafhaltung hatte ihre Bedeutung aufgrund billiger Importwolle eingebüßt.

Die Stallhaltung der Rinder erforderte Einstreu und begründete eine neue Waldnutzung, das Streurechen. Landwirte rechten fuhrwerkweise Laub- und Nadelstreu im Wald zusammen und bewirkten durch diesen immensen Nährstoffentzug eine nachhaltige Bodenverschlechterung.

Den gewaltigen Umfang dieser Streunutzung verdeutlicht eine Übersicht aus dem Jahr 1844, die für die Forstreviere Grimnitz und Glambeck eine Anforderung von rund 64 Tonnen Streu verzeichnet. Bis heute wachsen Bäume auf intensiv streugenutzten Flächen langsamer als auf ungeschädigten Flächen (vgl. Luthardt et al. 2004).

Fällt ein alter Baum und reißt ein Loch ins Kronendach, springen junge Bäumchen auf und beginnen den Wettlauf zum Licht (Foto: M. Paulat).

Im 18. und 19. Jahrhundert, vor und während der Separation, war der Grumsin belebter Arbeitsplatz und vielfältige Produktionsstätte zugleich. Dem Vieh diente er als Weide. Bauern bestellten auf Lichtungen Äcker, Kossäten mähten Gras. Holzfäller schlugen Bau- und Brennholz. Fischer nutzten die Waldseen. Teerschweler und Kalkbrenner betrieben ihre Gewerbe, selbst Torf wurde in geringem Umfang gestochen.

Und dann natürlich die Steinschlägerei. Uckermärkische Feldsteinkirchen aus dem 13. Jahrhundert sind trutzige und gerade bei Regen leuchtende Zeugen dieser Nutzung. Viele dieser Kirchensteine sind von Feldern gelesen. Doch schon seit vielen hundert Jahren wurden reiche Steinpackungen im Wald erschlossen und genutzt. Noch für 1845 belegt eine Akte: „Lose Granitsteine sind in großen Massen vorhanden und besonders in den Jagen 1, 3, 4, 10, 11, 12 stark umgelagert. Schon jetzt werden Steine

Steinschlägerei war ein schweres Handwerk. Grobes Werkzeug und ein gutes Auge für den richtigen Schlag gehörten dazu (Quelle: Archiv Biosphärenreservat Schorfheide-Chorin).

über den Werbellin nach Berlin transportiert (LHAP 1845, Nr. 8864).
Mit dem Bau der Bahnstrecke von Berlin nach Stettin ab 1842 wurde die Schottergewinnung aus Feldsteinen zum Wirtschaftsfaktor. Prosperierende Steingruben entstanden um 1853 bei Grimnitz und Althüttendorf. In Blütezeiten fanden hier bis zu 300 Steinschläger Lohn und Brot. Wie muss das geklungen haben, als überall Metall, Bossierhämmer, Spitzpickel oder Kreuzmeißel in die Granite drangen und diese spalteten. Nur im Winter herrschte Ruhe, die Gruben waren „eingefroren". Anders die Steinschläger. Die meisten hatten nun Hammer mit Säge getauscht und schlugen im Wald Holz.
Pferdefuhrwerke und Feldbahnen schleppten Granitplatten, das „Charlottenburger Pflaster", bis zur Holzablage Michen am Werbellinsee. Dort übernahmen grobschlächtige Kaffenkähne den Transport nach Berlin. Im Sturm gesunkene Kähne, randvoll mit fertig behauener Ware, belegen stumm auf dem Seegrund diese nach der Glasmacherei zweite Wirtschaftsblüte am Grumsin. Im Jahr 1898, mit der Eröffnung des Bahnhofes Althüttendorf, übernahm die Eisenbahn den Steintransport.
Zahlreiche scharfkantige Steine auf dem Waldboden, einst mit Hammer und Kennerblick zerschlagen, erzählen heute wie vor Jahrhunderten die Geschichten der Steinschläger im alten Wald. Gespaltene Findlinge, kleine Gruben, an deren Rand zerhauene kantige Feldsteinsplitter ruhen, bis hin zu befestigten Abfuhrwegen, auf denen behauene Steine auf Sammelplätze oder in Siedlungen transportiert wurden, bezeugen diese im gesamten Wald eingestreute Nutzung. Ein Findling an der Weggabelung zum Telegraphenberg trägt moosüberwachsene Vertiefungen, die Hammer und Meißel in seinen Rücken getrieben haben. Warum dieser Granit dann doch nicht gespalten und abtransportiert wurde, wird sein Geheimnis bleiben. Eines von vielen.
Unterlagen, wie die zur Verpachtung von Forstland im Forstrevier Grimnitzer Forst von 1914 bis 1928 zur Stein-, Kies- und Sandgewinnung (LHAP 1914–24, Nr. 7925), belegen diese anhaltende Nutzung.
Mitte der 1960er Jahre haben die letzten Steinschläger ihre Hämmer und Meißel eingemottet. Es wurde still in den Gruben.
Wenn heute in einigen Schuppen in und um Althüttendorf weit unten verborgen noch letzte Koffer mit zahlreichen unterschiedlich geformten Meißeln entdeckt werden, dann erzählen diese schweigend die Geschichte der Steinschläger.
Allgegenwärtig sind die vielgesichtigen Zeugnisse ihrer Fron: Häuser, Ställe, Schmieden, Kirchen, Pflasterstraßen, Gehwegplatten und grob behauene Wegemarken, meist aus Granit. Auf weißer Fläche stehen mit schwarzer Schrift Ortsnamen und Kilometerangaben: eine regionale Augenweide mit Wiedererkennungswert.
Der Erste Weltkrieg raubte den Siedlungen Männer und Wohlstand, wenig später zeichnete der Zweite Weltkrieg

Hunderte Männer fanden Arbeit in den Steingruben südlich des Grumsin. Pflastersteine, Granitplatten und Schotter verließen die Gruben, sie wurden in den Städten und Dörfern zum Haus- und Straßenbau gebraucht (Quelle: Archiv Biosphärenreservat Schorfheide-Chorin).

das Land. Einen Teil der Kriegschroniken schreiben Namen, meist mit Geburts- und Todestag, auf den steinernen Kriegermahnmalen in den Dörfern.

Zeitzeugen, die den Zweiten Weltkrieg überlebt haben, sind rar geworden. Eine war Frau Senf aus Groß-Ziethen, die unaufgeregt von den Gräueltaten in den letzten Kriegs- und ersten Friedenswochen berichten konnte. Oder Heinz Lunk, der als Jugendlicher mit dem letzten Aufgebot gegen die Rote Armee ziehen musste und als Überlebender keine Heldentaten erzählte. Im Gegenteil: „Als das Artilleriefeuer begann, machten sich die meisten von uns Jungen in die Hose."

Die Siedlungen um den Grumsin waren gezeichnet, wie die betagte Lilli Brocks aus Althüttendorf berichtet: „Arbeitskräfte gab es nicht. Die meisten jungen Leute waren noch in Gefangenschaft oder sind im Krieg gefallen und kamen nie wieder. Und da mussten wir sehen, wie wir fertig wurden."

Menschen aus anderen Landstrichen, Flüchtlinge, kamen. Eine dieser Vertriebenen war Edith Lüders. „Meine Heimat ist ja Masuren, um Allenstein." 1947 kam sie nach Groß-Ziethen und arbeitete gleich in der Gastwirtschaft. Es muss gesellig zugegangen sein: „Damals haben sich die Bauern alle abends getroffen und haben sich unterhalten über die Arbeit, die Felder und den Wald." Ihren masurischen Zungenschlag hat sich Frau Lüders zeitlebens bewahrt. Geheiratet hat sie einen alteingesessenen Ziethener und hier ihre zweite Heimat gefunden.

Jahrelang war sie gemeinsam mit ihrem Mann beim Kiefernharzen, auch im Grumsin. „Frühmorgens mit dem

Moped los in den Wald, gegen 8.00 Uhr wieder zurück, einen Stall voll Gänse versorgt und nachmittags um drei nochmals los zum Harzen. Immer zu zweit."

Jetzt veränderte sich der Wald ein weiteres Mal. Gehörte der Grumsin bis Kriegsende dem in Altkünkendorf lebenden Schwellenhersteller Karl Richtberg, wurde er bei der Bodenreform neu aufgeteilt.

Paul Klamann erinnert sich, als ob es gestern gewesen wäre. „Die kleinen Leute, die heutigen Waldbesitzer, die hatten ja früher keinen Wald, das gehörte alles Richtberg. Das kam ja erst '46 mit der Bodenreform. Wald, so drei bis vier Hektar, hat jeder bekommen, der bis zu 16 Hektar Land hatte." Und: „Der ganze Richtberg'sche Wald wurde aufgeteilt und hat gereicht für Groß-Ziethen, Klein Ziethen, Schmargendorf. Und dann blieb sogar noch was übrig und das ging an die Herzsprunger und die Dobberziner."

Der Wald war lebensnotwendig, um Kriegsschäden zu beseitigen. „Die Leute haben dann Bauholz aus dem Wald geholt, meist Kiefern." Das Waldeigentum ging rasch verloren: „Dann kam die LPG, und wer in die Genossenschaft ging, hat den Wald mit eingebracht." So hatte er wieder nach kurzer Zeit die Besitzer gewechselt.

In den 1960er Jahren wurde der Grumsin Teil eines Sonderjagdgebietes, in dem Erich Mielke jagte. Wenn es auch Einschränkungen gab, wurde der Wald doch weiter forstlich genutzt. „Wenn der kleine Erich (Mielke, Anm. des Autors) da war, dann war der Wald gesperrt. Das war am Wochenende", blickt Otto Herpel aus Schmargendorf auf diese annähernd drei Jahrzehnte zurück. „Aber sonst konnte ich dort problemlos durchfahren." Das gilt heute allerdings nicht mehr. Bis weit über die Jahrtausendwende dienten die Pflasterstraßen aus dem frühen 20. Jahrhundert als so holperige wie kurze Verbindungsstraßen, von Klein Ziethen über Luisenfelde nach Louisenhof und weiter nach Altkünkendorf, von Grumsin nach Luisenfelde, von Groß-Ziethen nach Altkünkendorf. Sämtlich durch den Wald, sämtlich heute gesperrt.

Das Leben prägt die Menschen hier wie überall. Lilli Brocks im Alter, gesprächig und geschäftig (Quelle: Weltnaturerbe Buchenwald Grumsin e.V.).

Mit der friedlichen Revolution 1989 erhielten die Nachkommen der früheren Waldbesitzer ihre Parzellen als Eigentum zurück. Im Rahmen des Nationalparkprogramms von 1990 wurde das Biosphärenreservat Schorfheide-Chorin ausgewiesen. Ein großer Teil des damaligen „Grumsiner Forst" war nun Kernzone, Totalreservat oder Naturentwicklungszone, wie es heute heißt. Der Wald blieb von nun an im Bereich der Kernzone für Holznutzung, für Pilzfreunde, Angler, Erholungssuchende und Naturfreunde verschlossen.

Und heute? Wie anfangen? Am besten mit den Menschen, die hier leben oder bis vor Kurzem hier gelebt haben. Die alle ihre zum Teil sehr persönlichen Geschichten besitzen, die sie mit dem Grumsin verbinden. Die im Wald geboren wurden und ihr ganzes Leben hier verbracht haben, wie

Peter Kranz wuchs im Wald auf und blieb ihm bis heute eng verbunden (Quelle: Weltnaturerbe Buchenwald Grumsin e.V.).

die „eingeborene Grumsinerin" Ursula Hoffmann, geborene Voge. Und da sind wir bei dem Namen, der bis heute rund um den Grumsin wohlige Erinnerungen weckt; an eine Zeit, „in der immer was los war." Ach ja, Voge wurde ursprünglich wohl Fouque geschrieben, und dies lässt hugenottische Wurzeln erkennen.

Noch vor wenigen Jahrzehnten war „Voge's Weinstube" im kleinen Grumsin Synonym für Geselligkeit, Beerenweine, Federnreißen, frohe Lieder und Tanz. Bedarfsweise ohne Sperrstunde, wer sollte die hier im Wald schon überprüfen? Sogar ein eigener gut ausgetretener Pfad, der heute verwachsene „Hundesteig", führte von Groß-Ziethen rasch nach Grumsin und später beschwingt wieder zurück. Die Älteren kennen die Geschichten dazu!

Noch sind die Erlebnisse um das Wirtshaus im Grumsin lebendig. Der Althüttendorfer Siegfried Ortlieb berichtet von einer Tour auf einem Pferdeschlitten vor rund 30 Jahren. Bei –25°C und hohem Schnee führte die Fahrt vom Geburtshaus seiner Frau Angelika, dem Leistenhaus, bis nach Grumsin. „Eingekehrt sind wir dann in Voges Weinstube. Wenn die Langholzfahrer oder wir wie an diesem Sonntag einkehrten, war in der Gaststube jedes Mal ein lustiges Völkchen. Hier haben wir gesungen und getanzt, ohne Orchester."

Erinnerungen an schneereiche Winter bewahrt auch der Altkünkendorfer Tischler Hans-Ulrich Pöschl „von der abseits und einsam im Wald gelegenen Glambecker Mühle, von der die Schulkinder bei Wind und Wetter mit dem Fahrrad fuhren oder vom Vater mit Pferdewagen und Schlitten nach Altkünkendorf gefahren werden mussten."

Oder die Försterjungen Thomas Hübner aus Luisenfelde und der heutige Ziethener Peter Kranz, die beide dem Wald seit frühester Kindheit über Jahrzehnte bis heute unverbrüchlich die Treue gehalten haben. Denen in ihrem Wald nie langweilig war, die ihre Väter beim Ansitz begleiteten, die Winterfütterungen versahen, die an den Waldseen mit Freunden angelten. „Ich war viel im Wald, angeln am Buckowsee oder die Kirrungen mit dem Fahrrad versorgen. Einsam habe ich mich nie gefühlt," erzählt Thomas Hübner. Erlebnisse bei herbstlichen Treibjagden bewahrt Peter Kranz: „Ich war als Treiber im Herbst oft dabei. Da haben wir manche Strecke gelegt: Muffel-, Rot-, Dam- und Schwarzwild, Rehe und Füchse. Das sieht man ja sonst nie."

Der Buchenwald schreibt auch die Geschichte eines riesigen Keilers, den 1973 der Schmargendorfer Ernst Straßburg nach 14 Ansitzen in eiskalten Februarnächten erlegt hatte. 220 Kilogramm Lebendgewicht, geschätzt, drei Mann, die ihn auf einem Schlitten verzurrt ins Dorf zogen, 129,9 Punkte für seine Hauer, die „Waffen", auf Trophäenschauen mit einer Goldmedaille bedacht, über Jahre der größte in der DDR erlegte Keiler.

Eng verbunden mit dem Grumsin waren und sind Menschen wie der passionierte Pilzsammler Dieter Schönfeld aus Groß-Ziethen, der mir den Unterschied zwischen Moospiepen und Pfifferlingen erklärt hat, der vor den hier wachsenden farbenfrohen Hexenröhrlingen allerdings respektvoll Abstand hielt. Mochten Pilzbücher auch behaupten, sie seien in gekochtem Zustand hervorragende Speisepilze.
Oder Achim Tretin, der lange Jahre Langholz auch aus dem Grumsin geladen und gefahren hat und die passenden Lieder dazu nicht nur kennt, sondern mit voller Stimme singt: „Scharf ist die Säge, blank ist die Axt".
Eindrucksvoll sind die Erinnerungen des Schmargendorfer Hans-Joachim Mercier, der Jahrzehnte seines Lebens, Tag und Nacht, an heute nicht mehr zugänglichen Waldseen geangelt hat. Am liebsten vielleicht am Dabersee, der stattlichen Welse wegen: Sein größter Fang brachte 40 Pfund auf die Waage. „Es war ja in der Öffentlichkeit gar nicht bekannt, was für schöne Seen das waren, der Große Schwarze See, Buckowsee, Schwarzer See bei Louisenhof…"
Der bis heute den Verlust einiger „seiner" Angelseen nicht ganz verwunden hat und beiläufig so manche Anekdote berichten kann. Etwa vom damaligen Verteidigungsminister Kessler, der Mercier einmal im schwarzen Tschaika folgte. „Der kam hinter mir gefahren und ich denke, Meine Herren". Doch keine Sorge, Kessler hatte nur seine Angel in Merciers Kahn vergessen, die kam er noch schnell holen.
Erinnerungen der Althüttendorfer Geschwister Brunhild und Willy Brocks, die bis in die 1960er Jahre mit dem Pferdefuhrwerk, immer auch ein Stück des Weges auf der Autobahn, die Siedlungen im Westen des Waldes mit frischen Backwaren versorgt haben.
Oder die Althüttendorferin Lilli Brocks, die von schweren Nachkriegsjahren berichtet, in denen ihr Mann mit dem Pferdegespann im Grumsin Holz rückte, von 7.00 Uhr morgens an, und sie die erschöpften Pferde im Winter nachmittags vom Bahnhof abholte. Bis hierhin waren sie für den Holztransport zuständig. „Da bin ich mit dem Fahrrad zum Bahnhof gefahren und hab das Gespann nach Hause gefahren, hab die Pferde abgeschirrt und Futter gegeben – die brauchten wieder Kraft für'n nächsten Tag."
Seit 1990 bleibt ein Teil dieses ausgedehnten Buchenwaldes als Naturentwicklungszone des Biosphärenreservates Schorfheide-Chorin für Menschen verschlossen. Damit wurde das Buch der langen Nutzungsgeschichte für diesen Teil des Waldes geschlossen und eine neue Seite im Miteinander von Wald und Mensch aufgeschlagen.
Als am 25. Juni 2011 bei der Verkündung der Aufnahme des Grumsin als UNESCO-Welterbestätte in Altkünkendorf rund 100 Menschen unter Glockengeläut auf dieses Ereignis mit Sekt anstießen, muss das einer dieser spärlichen Glücksmomente gewesen sein. Für viele, aber nicht für alle Anwohner rund um den alten Wald. Denn wo vorher vielleicht noch die eine oder andere Lücke war, wo verborgen die Angelrute ausgeworfen wurde, nachts vielleicht, wo grün gekleidet in der ersten Morgenstunde Pilze gesammelt wurden, von nun an schien es in Stein gemeißelt: Ein Teil des Waldes, den sie zeitlebens so vielfältig wie unterschiedlich genutzt und erlebt hatten, bleibt ihnen verschlossen: „Betreten verboten".
Wer an bestimmte Orte besondere Erlebnisse, Erinnerungen knüpft, die Begegnung mit einem brünftigen Rothirsch, den Kampf mit einem kapitalen Wels, die Kenntnis um die besten Pilzstellen, vermag dies wohl nachzufühlen. Der mag verstehen, dass etwa der Förster Herbert Kranz, laut Otto Herpel „ein Forstmann durch und durch", mit der Unterschutzstellung mitten ins Mark getroffen wurde. Rotbuchen, die er zu hiebsreifen kräftigen Beständen die letzten Jahrzehnte begleiten durfte, sollten nun alt werden, im Sturm brechen, verrotten. Ein Wald, zu dem Herbert Kranz viel beigetragen hatte.
Noch einmal Otto Herpel: „Und weil Jacobi im Grumsin war, und sein Nachfolger Herbert Kranz, sind diese Buchen-

wälder stehen geblieben. Ein anderer Förster hätte gesagt: Ja, was wollen wir mit den dicken Dingern?" Ob der Grumsin ohne diese „dicken Dinger" und die dafür zuständigen Förster Welterbe geworden wäre?

Überhaupt steht die Frage, ob es ein Zufall oder besser eine ganze Reihe von Zufällen war, die den damaligen Grumsiner Forst gemeinsam mit anderen Buchenwäldern zum Welterbe machten? Oder eher doch eine Verquickung besonderer Geschehnisse. In den annähernd 30 Jahren, in dem der Grumsin als Sonderjagdgebiet diente, stand die Holznutzung unter dem Primat der Jagd. Wohlgemerkt: Holz wurde stets geschlagen und verkauft. Professor Michael Succow erinnert sich, dass der oberste Jagdherr Erich Mielke in den 1970er Jahren eine weitere Entwässerung der Seen und Moore abgelehnt hatte. Er habe gerne Wildschweine gejagt, und die lieben nun einmal feuchte Flächen.

In all den Jahren sorgten Förster wie Kranz, Jacobi und Hübner dafür, dass sich die Rotbuchen flächig natürlich verjüngen und teils auch älter werden konnten.

Schließlich wurde 1990 mit der Ausweisung eines Teils des Grumsin als Kernzone des Biosphärenreservates Schorfheide-Chorin die Grundlage dafür gelegt, dass die Bewerbung zum Weltnaturerbe zwei Jahrzehnte später vom Erfolg gekrönt wurde.

Seit Juni 2011 ist der Grumsin Weltnaturerbe. Hier sollen die Buchen nun Zeit bekommen. Zeit zum Keimen, dem Licht entgegen zu wachsen, getrieben von all den arteigenen Konkurrenten. Zeit zum Leben und alt werden, für Zerfall und Vergehen. Orte dieser Art, Wälder auf dem Weg zu Urwald, sind in Deutschland rar und kleinflächig. Hier können Menschen, heimische und Besucher, heute, morgen und hoffentlich noch übermorgen den langen Weg des Grumsin zum Urwald begleiten. Über Generationen.

Es gibt wenig Spannenderes! Sie werden mit allen Sinnen erleben und eintauchen können in diese phantastische Lebensvielfalt, die Urwälder von Wirtschaftswäldern unterscheidet. Die Heimat ist für Veilchenblaue Wurzelhalsschnellkäfer, für Korallen- und Igelstachelbärte, die im Herbst an filigrane Korallen oder weiß gefrorene Wasserfälle erinnern.

Ebenso bewahrt der Grumsin unzählige Spuren der Menschen, die diesen Wald lange und vielfältig genutzt haben. Hügel- und Steinkistengräber, Wallanlagen, Steinschlägerplätze, Entwässerungsgräben, im Regen bunt leuchtende Pflasterstraßen ...

Was hat dieser der wirtschaftlichen Nutzung entzogene Wald noch mit den Menschen zu tun, die hier leben? Eine ganze Menge. Auch und gerade weil dieser Wald in der Kernzone für Besucher nur noch in Begleitung eines speziell zugelassenen Naturführers zugänglich ist. Die Uckermark war seit Menschengedenken Bauernland, Industriestandorte waren und sind spärlich gesät. Kein Land, um reich zu werden.

Ich erinnere mich an ein Gespräch mit Edith Lüders über den Gartenzaun, es mag um 2009 gewesen sein: „Die meisten unserer Kinder sind weggezogen. Der Arbeit nachgezogen. Unsere Enkel sehen wir kaum. Wir kümmern uns hier um das Haus, um das Grundstück. Wofür machen wir das noch?"

Kein Einzelfall. Woanders locken höhere Löhne. Auch wer als Jugendlicher mit dem festen Vorsatz weggeht, nach der Ausbildung zurück zu kehren, bleibt häufig für immer weg. Wie ein Junge aus „meiner" Jugendfeuerwehr, dem es als Sechzehnjährigem, kurz vor der Jahrtausendwende, unendlich schwergefallen ist, seiner Heimat wegen einer Lehrstelle den Rücken zu kehren. Wie besonders zahlreiche junge Frauen, die heute in Berlin, in München, in Kassel leben und nur noch zu Verwandtenbesuchen in ihre Geburtsdörfer zurückkehren.

Gerade vor diesem Hintergrund kann der „gesperrte Wald", das junge Weltnaturerbe, wieder zu einer Chance für die hier lebenden Menschen werden. Eine Chance für die

Noch ohne die Kraft der Motorsäge – die Forstwirtschaft gab vielen Männern Arbeit im Wald (Quelle: Weltnaturerbe Buchenwald Grumsin e.V.).

Siedlungen um den alten Wald, eine Chance für die gesamte Region, die Uckermark.

Die Möglichkeiten, Besuchern aus aller Welt diesen Wald, der ja deutlich größer ist als das ausgewiesene Naturerbe, zu zeigen, erlebbar zu machen. Ihnen Unterkünfte anzubieten, Gaststätten zu stärken, ihre Sinne für all diese immer wieder auch verborgenen Schönheiten zu öffnen, Besucher zu begeistern, zum Weitererzählen, zum Wiederkommen anzuregen.

Der Wald mit seiner langen Geschichte, die ohne Menschen anders verlaufen wäre, lebt weiter. Wandelt sich ein nächstes Mal. Niemand weiß heute, wohin dieser Weg morgen führen wird. Jeder aber kann den Wald entdecken, die alten Bäume eine Weile auf ihrem Weg zum Urwald begleiten, sich an menschliches Handeln und Wirtschaften in diesem Wald erinnern, erlebten Geschichten lauschen und sich an der Vielfalt freuen, die dieser so reichhaltig bewahrt.

Der Grumsin als herrschaftliches Jagdgebiet

Eberhard Henne

Die Uckermark war schon immer eine wildreiche Landschaft. Dafür sprechen unter anderem die vielen ur- und frühgeschichtlichen Fundplätze dieser Region: nur wo viel Nahrung war, da waren Menschen häufig und hinterließen Anwesenheitszeichen. Der Landkreis Uckermark weist mit etwa 5.000 Bodendenkmalen die höchste Dichte deutschlandweit auf. Grabanlagen der Jungsteinzeit und Siedlungsspuren finden sich immer wieder, Hügelgräber, uckermärkische Steinkistengräber und Megalithgräber bezeichnen markante Plätze in der Landschaft. Die Menschen der Mittel- und Jungsteinzeit im Nordosten Deutschlands waren zu dieser Zeit Jäger und Sammler. Eine beutesichere Gegend war die Grundlage ihrer Existenz.

Auch mit zunehmender Sesshaftigkeit spielte die Jagd immer noch eine wesentliche Rolle für die Ernährung. Andere tierische Rohstoffe wie Felle, Knochen, Sehnen und Geweihe waren für die Herstellung von Kleidung und Werkzeugen von Bedeutung. Während der Bronze- und Eisensteinzeit nahm die Jagd an Bedeutung deutlich ab, weil nun Ackerbau und Viehzucht eine längerfristige und relativ sichere Basis für die Existenz boten.

Bis ins frühe Mittelalter bot die Jagd zusätzliche Nahrungsquellen. Allerdings begannen sich in dieser Zeit die Rechte zur Ausübung der Jagd wesentlich zu ändern. Mit der Unterwerfung der ansässigen slawischen Stämme und der deutschen Besiedlung der Uckermark, die insbesondere von den Askaniern im 13. Jahrhundert vorangetrieben wurde, wandelte sich das Allgemeinrecht auf Beuteerwerb sehr schnell zum Jagdprivileg des Adels.

Der Wald blieb im Großen und Ganzen im herrschaftlichen Besitz und diente vorrangig der Jagd. Aus den frühdeutschen Burgen der Ostexpansion wurden Jagdschlösser wie zum Beispiel Groß Schönebeck am Südrand der Schorfheide. Zunehmend wurden wildreiche Wälder zum Statussymbol. Die Jagd war nicht mehr ausschließlich Nahrungserwerb, sondern diente dem Adel als Instrument der Machtdemonstration: Die Bedeutung der Trophäe rangierte vor dem Nahrungswert der Beute.

In dieser Zeit gewannen die Jagdtrophäen zur Repräsentation des Jagderfolges und als politisches Instrument zunehmend an Bedeutung. Welche Dimensionen dieser Inhaltswandel der Jagd hatte, zeigt der Bau des großen Wildzaunes am Ende des 16. Jahrhunderts. Zwischen Oder und Havel grenzte er die wildreichen Wälder der südlichen Uckermark von den Wäldern im Norden und dem Herrschaftsgebiet der pommerschen Herzöge im Nordosten ab. Es ging dabei weniger darum, Wildschäden auf den Äckern der Bauern zu vermeiden, sondern allein darum, möglichst viel Wild im eigenen Herrschaftsbereich zu halten.

Es waren die mit der Kurwürde ausgestatteten Hohenzollern, die als Markgrafen von Brandenburg ab 1411 über 500 Jahre lang die Regentschaft über die Mark ausübten und damit die obersten Jagdherren waren. Die Bedeutung der Jagd wechselte je nach der Gepflogenheit der Potentaten und spielte zeitweilig eine mehr oder weniger große Rolle. Um 1600 wurde in der Schorfheide Damwild eingeführt. Von hohen Wildbeständen und immensen Wildschäden berichten dörfliche Chroniken und Kirchenbücher allenthalben.

Alle historischen Nutzungen des Waldes hatten sich in Abhängigkeit von den Interessen der Obrigkeit der Ausübung der Jagd unterzuordnen. Die Schorfheide und auch der ausgedehnte Buchenwaldkomplex mit dem Grumsin wurden zum Jagdgebiet der Deutschen Kaiser, die im nahen Potsdam und Berlin residierten. Das gesamte Territorium wurde siedlungsfrei gehalten und diente vorrangig der Jagd. Auch die forstliche Nutzung hatte sich den jagdlichen Belangen unterzuordnen.

Der letzte deutsche Kaiser Wilhelm II. nutzte die eigentliche Schorfheide und die Altenhof'sche Eichheide als

Jagdrevier. Die angrenzenden Wälder waren Jagdreviere des Landadels oder von Fabrikbesitzern aus der Region und aus Berlin.
Eine weitere Periode einer extrem entarteten Jagdpassion war die Zeit des Nationalsozialismus. Hermann Göring hatte sich als oberster Jagdherr Deutschlands neben der Rominter Heide in Ostpreußen (heute Polen bzw. Russland) besonders die Schorfheide und ihr Umfeld als Jagdrevier auserkoren. Mit dem Reichsnaturschutzgesetz von 1935 wurde das dort festgesetzte Reichsnaturschutzgebiet „Schorfheide" nur als Vorwand genutzt, um den Publikumsverkehr einzuschränken und damit die Auswüchse des sogenannten Weidwerkes zu kaschieren. Das Gebiet wurde von der Stiftung Schorfheide einheitlich verwaltet und durch Kauf erweitert. So gehörte schließlich auch der Grumsiner Forst dazu. Der Reichsarbeitsdienst hatte für die jagdliche Infrastruktur zu sorgen und das gesamte Territorium einzuzäunen. Carinhall zwischen Großem Döllnsee und Wuckersee war der Jagdsitz des Reichsmarschalls. In der „Forschungsstätte Deutsches Wild" am Nordende des Werbellinsees wurden u. a. vom Aussterben bedrohte Arten gehalten, vermehrt und in der Schorfheide ausgesetzt. So kam u. a. der Elbebiber zurück in die Region. Aber mit dem abstrusen Naturschutzdenken der Nationalsozialisten kam auch das „germanische Wild" wie Wisent, Przewalski-Pferd und Elch in großen Gattern zurück in die Schorfheide: lediglich zu Repräsentationszwecken und um hin und wieder eine besondere Trophäe zu erjagen.
Mit dem Ende des Zweiten Weltkrieges war es vorerst mit dem Sonderjagdgebiet vorbei. Das Wild wurde durch die Offiziere der Sowjetischen Armee stark bejagt, die viel zu großen Bestände gingen deutlich zurück. Doch diese Periode war nur kurz.
Ab 1962 wurde in der Schorfheide ein NVA-Sonderjagdgebiet etabliert. Wieder wurden Zäune errichtet und die Wildbestände durch Wildackerbewirtschaftung und Fütterung stark angehoben. Die Schorfheide diente als Sonderjagdgebiet vorrangig dem Staatsratsvorsitzenden Erich Honecker und dem Mitglied des Politbüros des Zentralkomitees der SED, Günter Mittag, als Jagdrefugium.
Schon 1957 wurde ein Staatsjagdgebiet um Neuhaus und Wolletz einschließlich des Grumsin eingerichtet, das ab 1962 dem Minister für Staatssicherheit und damit Erich Mielke unterstand. In großen Teilen war es nicht eingezäunt. Der Wildbestand war ebenfalls sehr hoch, aber nicht mit der extremen Wilddichte der Schorfheide vergleichbar. Nur das sogenannte Ungarnhirschgatter im nahen Wilmersdorfer Forst bildete eine Ausnahme. Hier wurden einige hundert Stücken Rotwild auf engstem Raum gehalten und ganzjährig gefüttert, wobei ausschließlich die Trophäenentwicklung im Vordergrund stand. Große Teile des Mielke'schen Jagdgebietes waren als gesperrtes Waldgebiet gekennzeichnet, der Bevölkerung wurde das Betreten untersagt.
In der DDR-Zeit entgleiste die Jagd in den Sonderjagdgebieten in ähnlicher Weise wie zu Zeiten der letzten Kaiser oder unter Herrmann Göring. Mit der politischen Wende 1989 brachen jedoch auch diese Systeme zusammen. Der Wildbestand wurde durch radikalen Abschuss und Einstellung der Fütterung deutlich reduziert. Es war die Zeit nach dem Aufruf der DDR-Naturschutzszene: „Sonderjagdgebiete zu Nationalparken", als unter Führung der Gruppe um Michael Succow, Lebrecht Jeschke, Hans-Dieter Knapp und Matthias Freude im DDR-Umweltministerium die Ausweisung der Großschutzgebiete begann.
Die Aufarbeitung der Jahre während der DDR-Diktatur, die Ereignisse, Gepflogenheiten und Vorgänge im Staatsjagdgebiet des Grumsiner Forstes unter dem Minister für Staatssicherheit Erich Mielke bleibt schwierig. Sämtliche Zeitzeugen, Mitwirkende in diesen Jahren, schweigen beharrlich, vom zuständigen Förster über die zahlreichen Mitarbeiter im Staatlichen Forstwirtschaftsbetrieb will sich

niemand über die Zeit äußern. Schriftliche Quellen stehen so gut wie nicht öffentlich zur Verfügung.
Wichtiger als im üblen Unrat der Ereignisse, die sich in den Staatsjagdgebieten abgespielt hatten, zu wühlen, war es, die nun wieder zugänglichen Gebiete dauerhaft zu sichern. Alle Kenntnis und ausgezeichnetes Wissen einer kleinen Gruppe von ehrenamtlichen Naturschützern der Region, die nach der Wende nicht selten aus ihren alten Berufen in die neuen Natur- und Umweltschutzverwaltungen gewechselt waren, waren notwendig, um eine fachlich fundierte Ausgrenzung des Biosphärenreservates Schorfheide-Chorin in kurzer Zeit zu leisten. Für die Zonierung des Gebietes waren in Abstimmung mit dem Aufbaustab des Biosphärenreservates Schorfheide-Chorin in Wildfang die einzelnen Landkreise mit ihren neuen Verwaltungen zuständig. Im damaligen Altkreis Angermünde lagen sehr wertvolle Bereiche, die wegen ihrer Vergangenheit als Sonderjagdgebiet und der damit verbundenen zurückhaltenden forstwirtschaftlichen Nutzung von außerordentlichem Naturschutzwert waren. Insbesondere im Bereich des Staatlichen Forstwirtschaftsbetriebes Neuhaus stand einer der besten Altholzbestände der DDR. So war es naheliegend, dass hier die größten Naturschutzgebiete und auch Kernzonen des Biosphärenreservates ausgewiesen wurden. Sicherlich war die Kenntnis der Bereiche wegen des jahrzehntelangen Betretungsverbots nicht so detailliert wie in unbeschränkt zugänglichen Regionen. Da aber einige Mitglieder der Gesellschaft für Natur und Umwelt, dem Naturschutzverband der DDR, sich nicht davon abhalten ließen, trotz der rigiden Verbote immer wieder einmal in die Wälder des Grumsin oder der Schorfheide und der Uckermark zu gehen, war der Wissensstand ausreichend genug, dass in der Zusammenschau gründlicher Gespräche mit den Revierförstern und der einheimischen Bevölkerung eine fachlich fundierte Zonierung festgelegt werden konnte.

Die historische Aufnahme zeigt Rotwild im Altersklassenwald. Breite Schussschneisen waren allgegenwärtig (Foto: E. Henne).

Eines der letzten zonierten Gebiete war der Grumsin, der als größte Kernzone des Biosphärenreservates ausgegrenzt wurde. Zwar waren die Kenntnisse der floristischen und faunistischen Ausstattung des Gebietes auf Grund vieler illegaler Begehungen während der Jahre der DDR-Diktatur ausreichend, doch da stets auf Schleichpfaden gegangen wurde, um Förstern und Beamten der Staatssicherheit nicht zu begegnen, war die Kenntnis offizieller Wege weniger gut

und die Grenzziehung der Kernzone dadurch kompliziert. Die damals noch zahlreichen Wege, die den Wald durchzogen, die alten Pflasterstraßen, die als Ortsverbindungen dienten, auch die teilweise naturfernen, mit Roteichen, Douglasien oder Fichten aufgeforsteten Waldbereiche waren ein gewisses Hindernis. Trotzdem wurde beschlossen, einen großen Bereich von ca. 650 ha Wald als Kernzone auszuweisen, die in das mit 6.100 ha bedeutend größere Naturschutzgebiet „Grumsiner Forst/Redernswalde“ eingebettet ist.

Die verworrenen Eigentumsverhältnisse vor allem im Grumsiner Forst waren damals noch nicht bekannt und konnten demnach nicht berücksichtigt werden. Hunderte Besitzer kleiner Waldflächen, die im Zuge der politischen Wende ihr Eigentum zurückbekamen, meldeten gegenüber der Verwaltung des Biosphärenreservates ihre Ansprüche an. Diese Tatsache war später eine schwer zu lösende Aufgabe für die neue Biosphärenreservatsverwaltung, denn die Flächen mussten durch Kauf oder Tausch erworben werden, um sie aus der Nutzung lösen zu können. Dieser Prozess ist erst heute fast abgeschlossen und mit der Ausweisung als Weltnaturerbe zum größten Teil geklärt.

Seit 1990 hat der alte Buchenwald Grumsin den hohen Schutzstatus einer Kernzone des UNESCO-Biosphärenreservates. Das Schicksal des umliegenden Waldes „Wer hat dich, du schöner Wald, abgeholzt und dann verschoben“, eingeritzt in den Jahren zwischen 1945–1950 in einen Buchenstamm an der östlichen Grenze des Totalreservates, wird diesem Teil des Schutzgebietes wohl nun erspart bleiben. Und die Natur wird sich von selbst mit der Zeit erneuern.

Trophäenjagd und Hörnerklang gehören im Grumsin der Vergangenheit an, die Jagd ist verschwunden und durch ein durchdachtes Wildmanagement zum Wohl des Waldes ersetzt worden.

Schalenwildmanagement statt jagdlicher Nutzung

Martin Flade

Wald und Wild gehören zusammen, das ist allbekannt. Doch es kommt auf das Verhältnis von Waldfläche und -typ, umgebende landwirtschaftliche Fläche sowie die dort lebenden Wildarten und Individuenzahlen an, ob Wald wachsen kann oder ob fast alle jungen Bäumchen verbissen werden. Seit in unseren Wäldern große Beutegreifer fehlen, deren Einfluss die perfekte Balance zwischen Pflanzenfressern und Waldwachstum bedeutete, ist es Aufgabe der Jäger, die Wildbestände so zu regulieren, dass der Wald trotz des äsenden Wildes gedeiht.

Jagd in Naturschutzgebieten stößt allerdings häufig auf Unverständnis, obwohl Deutschland auf gesetzlicher Grundlage flächendeckend bejagt wird. Ausnahmen sieht das Jagdgesetz lediglich für Gebiete vor, in denen aus Gründen der öffentlichen Sicherheit nicht gejagt werden kann und zu denen Wildtiere nur erschwert Zugang haben.

Das Jagdrecht ist ein Eigentumsrecht und an Grundeigentum gebunden. Die Ausübung ist gesetzlich geregelt, um unter anderem die von jagdbaren Tieren verursachten Schäden am Wald und auf landwirtschaftlichen Kulturen auf ein wirtschaftlich tragbares Maß zu begrenzen, einen artenreichen und gesunden Wildbestand in einem ausgewogenen Verhältnis zu seinen natürlichen Lebensgrundlagen zu erhalten und eine biotopgerechte Wildbewirtschaftung durchzusetzen.

Im Grumsin gelten für die Jagd neben den gesetzlichen Regelungen weitergehende Vorgaben als in den umliegenden Forsten. Die konventionelle Jagdausübung ist hier abgeschafft. Das heißt nicht, dass hier kein Wild erlegt wird, aber eben nach besonderen Regeln.

Schalenwildmanagement – das bedeutet durchaus den Abschuss von Schalenwild (Rotwild, Rehwild, Damwild, Schwarzwild, Muffelwild), doch der Zweck ist ein anderer. Stellt man beide Jagdausübungsformen gegenüber, werden die Unterschiede deutlich.

Der Buchenwald Grumsin ist eine der Kernzonen im Biosphärenreservat, was nicht als Wildschutzgebiet, sondern als Naturschutzgebiet ohne wirtschaftliche Nutzung zu verstehen ist. Da die Kernzone des Grumsin nicht eingezäunt ist, ist eine Regulierung des frei ein- und auswechselnden Wildes gerechtfertigt, wenn das Wild die Entwicklungsziele der Kernzone beeinträchtigt, z. B. wenn der natürliche Verjüngungsprozess des Waldes durch Verbiss beeinträchtigt

Kennzeichen konventioneller Jagd

- Jagd ist eine Nutzung in der Kulturlandschaft.
- Die Jagdausübung erfolgt unter wirtschaftlichen Gesichtspunkten.
- Im Pachtverhältnis entstehen jagdliche Nutzungsperioden, die üblicherweise 12 Jahre dauern (Zielalter für Rotwildtrophäen).
- Die Jagd kann ganzjährig einzeln oder gemeinschaftlich unter Inanspruchnahme von Bejagungshilfen wie Hochsitzen, Leitern, Kirrungen, Wildäckern und einer Wegeinfrastruktur ausgeübt werden.
- Die Bejagung erfolgt tags und nachts.
- Es werden alle jagdbaren Tiere (Schalenwild, bestimmte Vögel und Prädatoren) erlegt.
- Das traditionelle Brauchtum hat einen hohen Stellenwert.
- Das Erzielen von Trophäen erhöht sowohl den ideellen als auch den wirtschaftlichen Wert der konventionellen Jagdausübung.

Kennzeichen des Wildmanagements in der Kernzone Grumsin

- Wahrnehmung der Aufgaben durch den Flächeneigentümer Kulturlandschaft Uckermark e.V. nach Maßgabe der Biosphärenreservatsverwaltung,
- Ausübung in gemeinschaftlicher Form (auf 3–5 Tage pro Jahr begrenzte Ansitz-Drückjagden und Gemeinschaftsansitze, keine Einzeljagd),
- Jagd nicht ganzjährig, sondern nur außerhalb der biologischen Reproduktionszeit,
- ohne wirtschaftliche Ertragsziele,
- ohne Verpachtung für Nutzungsperioden,
- ohne Bejagungshilfen und Wegeinfrastruktur,
- keine Jagd in der Dunkelheit,
- ohne Trophäenambitionen bei Abschussplanung und Ausübung,
- ohne Schussabgabe in der zentralen Ruhezone (ca. 220 ha),
- ohne Erlegung von Federwild und Prädatoren,
- ohne Fallenjagd, Baujagd und bleihaltige Munition.

© R. Michels

wird und/oder wenn untragbar hohe Schäden auf den die Kernzone umgebenden Nutzflächen nachweislich im Zusammenhang mit der Schalenwilddichte in der Kernzone stehen. Nach der Ausweisung des Biosphärenreservates wurde die Kernzone Grumsin noch konventionell unter der Regie der Landesforstverwaltung bejagt. Bald kamen Überlegungen auf, dass hier, in diesem besonderen Wald, andere Methoden erprobt werden sollten, die sowohl mit Respekt vor den Wildtieren, als auch und vor allem mit Blick auf den Wald und seine ungestörte natürliche Entwicklung funktionieren sollten.

In Zusammenarbeit zwischen Forstverwaltung und Biosphärenreservat kamen bald Änderungen bei der Wildregulierung zur Anwendung. Schrittweise entwickelte sich hieraus das heutige Wildmanagement. Inzwischen sind die Flächen des Schutzgebietes nahezu vollständig Eigentum des Fördervereins „Kulturlandschaft Uckermark e.V.", was die Anpassung der angewandten jagdlichen Methoden erleichtern kann.

Das Schalenwildmanagement findet innerhalb der gesetzlichen Jagdzeiten nur an wenigen Tagen während des Winterhalbjahres und auf der gesamten Fläche des Fördervereins statt. In der Wildruhezone wird kein Schuss abgegeben, und die übrigen Flächen werden gemeinschaftlich und organisiert bejagt. Diese derart konzentriert durchgeführte Bejagung bedeutet zwar eine starke Beunruhigung der Tiere, doch wird in dieser kurzen Zeit viel Wild entnommen. Danach kehrt für lange Zeit wieder Ruhe ein.

Seit das Wildtiermanagement realisiert wird, hat sich der Einfluss des Schalenwildes auf den Wald deutlich abgeschwächt. Erkennbar wird das an der steigenden Zahl junger Bäumchen, die es schaffen, „aus dem Äser heraus" zu wachsen (höher zu werden als hungrige Mäuler reichen können) und damit wieder regelmäßig neue Baumgenerationen begründen können.

Auch die Bodenvegetation verrät es: Deutlich mehr krautige Pflanzen überleben nun im Grumsin und tragen dazu bei, dass das gesamte ökologische Gefüge wieder vielfältiger wird. Ob dies nur ein persönlicher Eindruck ist, der täuschen kann, oder ob der Pflanzenreichtum tatsächlich anwächst, wird untersucht.

Ein zeitlich so eng begrenztes Schalenwildmanagement hat auch für die Besucher Vorteile. Das Wild lebt über das Jahr unbehelligt und wird dadurch tagaktiver und weniger scheu. Das bedeutet, dass auch ein Wanderer, verhält er sich leise, unverhofft einem der wilden Bewohner begegnen kann – eine zusätzliche Freude.

Naturerlebnis Grumsin

Klaus Pape

Seitdem der Grumsin zum Weltnaturerbe gehört, wollen viele Menschen sehen, was das Besondere an diesem Waldgebiet ist. Mehrere Tausend Besucher jährlich möchten sich ein Bild vom Welterbe-Wald machen. Viele Gäste erwarten etwas ganz Außergewöhnliches und sind manchmal enttäuscht, wenn sie dann doch „nur" einen Wald vorfinden, der auf den ersten Blick anderswo genauso zu sehen ist. Außerdem gibt es keine Parkbänke, keine Imbissstände an den Wanderwegen und keine Informationstafeln an jeder Waldwegekreuzung.

Im Grumsin ist der persönliche Kontakt gefragt. Deshalb werden zahlreiche Führungen angeboten. Naturwacht, Landschaftsführer und Mitarbeiter der Informationspunkte in Altkünkendorf, Groß-Ziethen und des Informationszentrums Blumberger Mühle stehen bereit, um ausführlich und anschaulich zu erklären, was diesen Wald von so vielen anderen Wäldern in Deutschland unterscheidet und weshalb er ein Teil des Weltnaturerbes der Menschheit werden konnte. Dann erst wird das Erlebnis dieses Waldes zu einer bleibenden Erinnerung.

Der Wald erwartet den Respekt der Besucher, die ihn mit einer gewissen Ehrfurcht sehen, wenn deutlich wird, dass die Natur ohne den Menschen auskommt. Wenn man bereit ist, diesen Grundsatz zu akzeptieren, ist der erste Schritt für ein auskömmliches Verhältnis von Mensch und natürlicher Umwelt getan. Dieses Thema durchzieht die Bildungsprogramme für den Grumsin. Deshalb sind diese Angebote mehr als nur Naturbildung: Sie helfen zu verstehen, warum der Mensch klug handelt, wenn er ein Stück Wildnis mitten in der vom Menschen über Jahrhunderte gestalteten Kulturlandschaft zulässt.

Für dieses Verständnis aber genügen Worte allein nicht. Natur erleben, selbst aktiv sein, Neues lernen und verstehen sind Elemente der Bildung, die im Grumsin miteinander verschmelzen. So sind die Bildungsprogramme für Jung und Alt angelegt, methodisch passend für jede Altersgruppe, beim Kindergartenalter beginnend, für die Schule oder Hochschule bis zu Seniorengruppen, die das Welterbe besuchen wollen.

In den Ausstellungen und Informationseinrichtungen im Norden des Grumsin, in Altkünkendorf, im Süden in Groß-Ziethen und in der Blumberger Mühle nahe Angermünde werden die kleinen und großen Gäste in Empfang genommen. Hier gibt es die ersten Informationen und Eindrücke. Dabei steht in der historischen Dampfmühle in Groß-Ziethen die eiszeitliche Entstehungsgeschichte in der Region des Geoparks, in dem auch der Buchenwald Grumsin liegt, im Vordergrund. Wer dort Genaueres zum Grumsin erfahren möchte, kann in einem großen, elektronischen Buchenbuch blättern und sich über Details des Welterbewaldes informieren, oder aber in bequemen Sitzkissen beeindruckende Fotos vom Buchenwald und seinen „Bewohnern" bestaunen. In der Blumberger Mühle können die Gäste die unterschiedlichen Lebensraumqualitäten eines Wirtschaftswaldes, eines naturnahen Wirtschaftswaldes und eines Urwaldes anschaulich kennenlernen.

Im Informationspunkt in Altkünkendorf ist die biologische Vielfalt im Buchenwald das Hauptthema. In einer Glasvitrine auf einer Säule wird, wie ein besonders wertvolles Ausstellungsstück, eine kleine Buchecker präsentiert: die Frucht der Buche, der Ausgangspunkt für das Wachstum des Buchenwaldes. Tiere, Pflanzen und Bäume bilden ein System der Abhängigkeiten und des aufeinander Angewiesenseins, das in perfekter Ausgewogenheit funktioniert, wenn es niemand stört. Einen Teil der Ausstellung in Altkünkendorf können Kinder und Erwachsene selbst gestalten. Davon wird rege Gebrauch gemacht. In Kooperation mit der Stiftung NaturSchutzFonds Brandenburg und mit der Naturwacht vor Ort wurde ein Programm mit dem

Der Informationspunkt Altkünkendorf mitten im Ort bietet sich als Start für eine Wanderung zum Grumsin von Norden kommend an (Foto: K. Pape).

Seite 145: Draußen im Wald macht Umweltbildung Spaß. Die Naturwacht führt die Kinder nah an die Rätsel der Natur. Unten rechts: Wandern in Gesellschaft ist beliebt (Fotos: K. Pape).

Titel „Weltnaturerbe für Entdecker" entwickelt, bei dem die Schüler einer Gruppe mit ihren Kameras festhalten, was sie im Wald Besonderes entdeckt haben. Die besten Fotos werden in die digitale Fotogalerie der Ausstellung aufgenommen. Eine andere Gruppe versucht, selbst Teil der Wildnis zu werden. Das macht den Teilnehmern großen Spaß und schärft ganz nebenbei den Blick auf die Gefährdung des Waldes. Die originellsten Fotos dieser Aktion werden ebenfalls Teil der Ausstellung.

Die Naturwacht-Gruppenleiterin Elfi Laack sagt: „Wir lassen uns auf die Natur ein und nehmen sie mit allen Sinnen wahr. Dabei sammeln wir hautnah Erfahrungen, die den

Typisch für eine ganze Region: alte, krumme Pflasterstraßen, jeder Stein von Hand verlegt. Sie atmen Geschichte und entschleunigen die Besucher ganz unaufdringlich, denn schnelles Tempo erlauben sie nicht (Foto: J. Reich).

Schulunterricht ergänzen und doch in keinem Lehrbuch stehen. Wir sind zu Gast im wilden Wald, in dem wir so wenig Spuren wie möglich hinterlassen." Im Bildungsangebot der Naturwacht heißt es: „Wilde Natur ermöglicht einen Perspektivenwechsel, der zum Nachdenken über das Verhältnis von Mensch und Natur anregt. Wir brauchen Wildnis als Kontrast zu unserem Alltag. Denn die Bedingungen, unter denen wir leben – Konsumieren, Spielen und Arbeiten – sind künstlich und lassen uns unsere Naturverbundenheit vergessen."
Wer sich hier im Grumsin auf den Buchenwald einlässt, wird also mehr als nur eine von vielen Sehenswürdigkeiten entdecken. Wer sich von diesem Wald berühren lässt, wird nicht nur Vieles über das Weltnaturerbe erfahren, sondern vielleicht auch etwas über sich selbst.

Erleben, beobachten, bewahren

Uwe Graumann

Das Biosphärenreservat Schorfheide-Chorin beherbergt ein Weltnaturerbe. Diese nicht alltägliche Ehre bedeutet vor allem einen ganz neuen Blick der einheimischen Bevölkerung auf ihre Umgebung, die Wertschätzung für Gewohntes steigt und die Akzeptanz für Neues auch.
Der Tourismus birgt für jede neu zu erschließende Region große Chancen, aber auch Risiken. So kann der Gast einerseits besondere Naturerlebnisse in einer Region, die noch immer als Geheimtipp gelten kann, genießen. Damit bieten sich für Inhaber von Ferienwohnungen, für die Gastronomie oder auch Naturführer wachsende Möglichkeiten, ihr Ein-

Schöne Augenblicke: unter dem Blätterdach der Buchen das Da-Sein genießen (Foto: K. Pape).

Ganz ohne Schilder geht es nicht. Eine freundliche Bitte an die Besucher, hier der Natur den Vorrang einzuräumen (Foto: B. Blahy).

kommen mit höherer Nachfrage zu steigern. Andererseits: Mit den touristischen Angeboten wie Wanderwegen und Führungen kommen auch deutlich mehr Menschen in den Wald. Das kann zu einer Änderung der ökologischen Bedingungen führen und vorkommende oder potenziell zu erwartende Tierarten mit hohen Fluchtdistanzen vergrämen. Gesucht wird also nach einer „nachhaltigen Nutzung", die sich gemäß der Konvention zum Erhalt der Biologischen Vielfalt als die Art und Intensität einer Nutzung definiert, die langfristig nicht zu einer Abnahme oder Beeinträchtigung der Biologischen Vielfalt führt (United Nations Educational, Scientific and Cultural Organization 2012). Auch im Leitbild für das koordinierte Management der seriellen Buchenwald-Welterbestätten in Deutschland wird klargestellt, dass die Welterbestätten den erforderlichen Raum für ungestörte, natürliche ökologische und biologische Prozesse sowie Ruhe- und Rückzugsräume für natürlich vorkommende, wildlebende Tiere und Pflanzen bieten sollen (Lenkungsgruppe der Länder 2009).

Für alle Beteiligten besteht daher die große Herausforderung darin, eine Balance herzustellen, die einerseits die Gäste des Gebietes herzlich willkommen heißt, dieses bemerkenswerte Naturerlebnis und eine regionale Wertschöpfung ermöglicht und andererseits die Naturausstattung von Weltrang mit ihren empfindlichsten Elementen nachhaltig schützt und die ungestörte Entwicklung zum sekundären Urwald mit seiner typischen Artenausstattung sicherstellt.

Der Grumsin ist recht klein. Und doch leben in ihm besonders sensible, störungsempfindliche Arten. Das heißt, dass eine behutsame und gelenkte Erschließung und Nutzung notwendig ist. Auch der Managementplan für das gesamte 6.106 ha große europäische Fauna-Flora-Habitat-Gebiet Nr. 218 „Grumsiner Forst/Redernswalde", in dem sich die 590 ha große Welterbestätte befindet, gibt hier wichtige Hinweise und berücksichtigt die besonderen Umstände.

Im Welterbegebiet Buchenwald Grumsin ist es nicht zuletzt durch die kontinuierliche Arbeit des Weltnaturerbe-Beirats gelungen, bei der infrastrukturellen Entwicklung einen Interessenausgleich zwischen touristischen Ansprüchen und Notwendigkeiten des Naturschutzes zu schaffen. Natürlich wird diese Balance immer wieder auf die Probe gestellt. Und so wird es zukünftig nicht nur auf die Empathie und das Verantwortungsbewusstsein aller Beteiligten ankommen, sondern es besteht die Verpflichtung und dringende Notwendigkeit, die Entwicklungen im Rahmen eines Monitorings genau zu beobachten, zu interpretieren und, wenn nötig, lenkend einzugreifen. Hier ist die Verwaltung des Biosphärenreservates mit ihren Partnern auch langfristig in der Pflicht.

Als einen wesentlichen Baustein des Monitoringkonzeptes und als Grundlage für eine sachliche Diskussion hat die Verwaltung des Biosphärenreservates drei automatische Besucher-Zähleinrichtungen eingerichtet. Diese Stationen, die eine tägliche und zugleich langfristige Auswertung erlauben, lassen die Besucherfrequenzen erkennen. Bisher sind die Besucherzahlen mit durchschnittlich zwölf bis vierzehn Personen pro Tag gering. Auch die maximalen Zahlen auf den ausgewiesenen Wanderwegen mit etwa 100–160 Personen pro Tag im Herbst, wenn die leuchtenden Farben des Buchenwaldes viele Menschen anziehen, sind sicher noch als moderat einzustufen. Doch ganz bestimmt ist mit einer weiteren Zunahme der Besucherzahlen insbesondere im Herbst zu rechnen. Das langfristige

Beobachtungsprogramm stellt sicher, dass ungewollte Einflüsse bemerkt und nachteilige Entwicklungen erkannt werden, und liefert die Grundlage für rechtzeitiges Gegensteuern.

Nicht zuletzt ist auch eine ausreichende Präsenz von Landschaftsführern und Naturwächtern für den Erhalt des Gebietes nötig. Die Anwesenheit der Naturwacht in der Landschaft als sympathische Vermittler sorgt für zuverlässige Informationen und Aufklärung der Besucher im Gebiet des Weltnaturerbes und ist auch eine Voraussetzung, um den Besuchern das Besondere, den Wert und die Verletzlichkeit des schönen Waldes zu zeigen. Darin liegt auch die Chance, dass abträgliche Ereignisse oder Entwicklungen gar nicht erst eintreten und der Grumsin auch kommenden Generationen sein Gesicht zeigen kann – ein sich wandelndes, immer wilderes und interessanteres Zusammenspiel von natürlichen Gegenspielern, die vor unseren Augen ihr Leben selbst gestalten.

Eintrittspforten ins Weltnaturerbe Buchenwald Grumsin

Uwe Graumann

Altkünkendorf und Groß-Ziethen: zwei Dörfer im Biosphärenreservat Schorfheide-Chorin, gelegen am Rand der Landkreise Barnim und Uckermark, getrennt und gleichzeitig verbunden durch einen mit Buchenwald bestandenen Endmoränengürtel. Bis zum Jahre 2011 nahm man diese Dörfer überregional kaum wahr. Dabei hat jedes Dorf für sich seinen ausgesprochenen Reiz. Während Groß-Ziethen eine hugenottische Tradition hat und vor allem durch seine prächtigen feldsteingeprägten Bauwerke und Straßen beeindruckt, findet man in Altkünkendorf eine ursprüngliche dörfliche Beschaulichkeit mit mächtigen Alleebäumen in eindrucksvoller, harmonisch gegliederter Landschaft. Beiden Dörfern kam mit der Anerkennung der Welterbestätte urplötzlich eine wichtige überregionale Funktion zu, indem sie als zentrale Anlaufpunkte für die Gäste des Grumsin ausgewählt wurden. Waren in Altkünkendorf, nördlich des Grumsin gelegen, bis auf wenige Ferienwohnungen nahezu keine Angebote für Besucher vorhanden, konnte das südlich gelegene Groß-Ziethen zwei gastronomische Einrichtungen, einen kleinen Laden und vor allem das in einer ehemaligen Dampfmühle eingerichtete Zentrum für den nationalen Geopark „Eiszeitland am Oderrand" vorweisen.

Bereits vor der Anerkennung als Welterbestätte war es ein Gebot der Stunde, die um das Waldgebiet gelegenen Kommunen, die Landkreise Barnim und Uckermark, Vertreter des Tourismus, der Wissenschaft, der Forstwirtschaft, der Waldbesitzer, der Naturwacht sowie des Umweltministeriums unter Leitung der Verwaltung des Biosphärenreservates zu einem Gremium zusammen zu rufen, um die Chancen und Möglichkeiten für diese Region zu diskutieren und gemeinsam Weichen zu stellen.

Es ist nicht zuletzt diesem regelmäßig tagenden Beirat der Welterbestätte zu verdanken, dass die Gäste des Buchenwaldes heute in Altkünkendorf und Groß-Ziethen gut empfangen werden können. Für Reisende mit dem Auto stehen neu angelegte Parkplätze bereit. Auch das Angebot zur Anreise mit dem öffentlichen Personennahverkehr hat sich entwickelt. So bietet Angermünde eine Buslinie – den Biberbus – an, die regelmäßig alle Orte um den Wolletzsee und auch Altkünkendorf als Eintrittspforte ins Weltnaturerbe anfährt. Beide Informationspunkte heißen mit dem E-Bike anreisende Gäste mit einer kostenlosen Ladestation willkommen. Der Besucher kann sich an beiden Orten mit Hilfe von Hinweistafeln und kleinen Ausstellungen umfassend informieren.

Das NABU-Naturerlebniszentrum des Biosphärenreservates, die Blumberger Mühle bei Angermünde, informiert

Breithüftige Feldsteinkirchen prägen die Dörfer der Mark seit gut 700 Jahren, hier die Kirche in Groß-Ziethen (Foto: K. Pape).

mit einer Dauerausstellung über das Weltnaturerbe und die nachhaltige Bewirtschaftung der Wälder und über die Integration des Naturschutzes in die Waldbewirtschaftung. In Groß-Ziethen in der alten Dampfmühle ist eine umfangreiche Ausstellung zur geologischen, eiszeitlichen Entstehung der Landschaft zu erkunden. Und eine kleine Buchenwaldausstellung führt die Gäste in die Besonderheiten des Weltnaturerbes gleich vor den Türen des Dorfes ein. In Altkünkendorf haben die Menschen ihr Gemeinschaftshaus geöffnet. Es beherbergt nun einen liebevoll ausgestatteten Informationspunkt, der mit interaktiven Elementen und einer Buchecker auf Samt zur eigenen Erkundung des Waldes, der dem Dorf zu Füßen liegt, einlädt. Schulklassen finden sowohl zur Geologie der Region als auch zum Weltnaturerbe in beiden Orten geeignete Bildungsangebote. Und von beiden Informationspunkten kann man den ausgeschilderten Rundwanderwegen folgen oder sich spannenden, geführten Wanderungen mit zertifizierten Landschaftsführern anschließen. Treffpunkt der Wanderwege ist eine Skulptur aus Findlingen, die sich den 15 Teilgebieten der Welterbestätte widmet.

Ein Anfang ist getan, und das Engagement, die Visionen und der Ideenreichtum sind gerade in den umliegenden Gemeinden groß, die Entwicklung geht weiter. So werden die Gäste des Grumsin in nicht allzu ferner Zukunft vielleicht auch die Gelegenheit haben, vom Kirchturm der

Die Kirche in Altkünkendorf blickt hinunter zum Grumsin. Seit Mitte des 13. Jahrhunderts steht dort eine Kirche, im 19. Jahrhundert stark umgebaut zeigt sie heute einen neogotischen Baustil (Foto: K. Pape).

ehrwürdigen, prächtigen Stüler-Kirche zu Altkünkendorf die einmalige, sanft geschwungene Landschaft und den Blick hinüber auf den großen Waldkomplex zum Weltnaturerbe zu genießen. Einwohner von Altkünkendorf haben sich als Natur- und Landschaftsführer qualifiziert und stehen den Gästen als orts- und sachkundige Begleiter gern zur Verfügung. Der Leser sei eingeladen, diese spannende, behutsame Entwicklung zu erleben und vielleicht auch durch eigene Anregungen dazu beizutragen.

Auf dem Urwaldsteig in den Buchenwald Grumsin

Beate Blahy

Die Tour beginnt in Altkünkendorf am Informationspunkt, der sich im Dorfgemeinschaftshaus befindet. Der Besuch der Ausstellung ist unbedingt zu empfehlen, denn neben den fachlichen Informationen zum Weltnaturerbe kann sich jeder Gast auf einer großen Luftbildkarte gut orientieren, einen Überblick gewinnen und einen ersten Eindruck von der Größe des Waldes bekommen. Wanderkarten und kleine informative Broschüren bieten sich zur Unterstützung an.

Hinaus aus dem Dorf nach Süden, anfangs auf der Landstraße, nach ca. 500 m östlich in den Wald einschwenkend führt ein Weg. Bevor dieser erreicht ist, liegt rechts neben der Straße die Große Wiese von Altkünkendorf. Was heute ein ausgedehntes Feuchtgebiet mit Schilf, Riedern und offenen Wasserflächen ist, war einmal einer der zahlreichen Flachseen, die als Gletscherpfützen zurückgeblieben waren, nachdem die Eiszeit endete. Dieser See – wie viele andere – wurde vor über 150 Jahren entwässert, um Ackerland zu gewinnen. Doch der Boden war schon nach kurzer Zeit nicht mehr zur Bewirtschaftung geeignet. Heute, nach umfangreichen Renaturierungsmaßnahmen mit Hilfe eines EU-LIFE-Projekts, bietet der Ort wieder vielen Wasser liebenden Arten ein neues Zuhause. Graugänse, mehrere Entenarten, Rohrdommel und Rohrweihe, Höckerschwan und natürlich auch der Kranich finden in dem weiträumigen Gelände einen geeigneten Brutplatz. Inzwischen sind sogar Silberreiher nicht selten dort zu sehen. Auch der Graureiher jagt regelmäßig in den flachen Randbereichen.

Ein Hohlweg nimmt den Wanderer am Waldrand auf. Der östlich davon wachsende Mischwald mit deutlichen Nutzungsspuren bietet genügend Anschauung, um die Waldwirtschaft der Vergangenheit zu erkennen. Harzkiefern, Baumstümpfe, Rückeschäden an Stämmen, aber auch viel liegendes Totholz erzählen vom Wirken des Menschen. Es handelt sich um einen sogenannten Bauernwald, in dem Eichen, Ahorn, Kiefern, Holunder und Faulbaum neben den Weiß- und Rotbuchen stehen. Nur hin und wieder, je nach aktuellem Bedarf, wurden einzelne Bäume entnommen. Jetzt unterbleibt auch diese gelegentliche Nutzung. Die Zukunft wird zeigen, wer sich im Konzert der Baumarten durchsetzen kann. Mehrere aufrecht stehende Stammreste sind durchlöchert und bieten Nisthöhlen für jene Arten, die sie nicht selber bauen können. Spechte leben gern in solchen alten, unaufgeräumten Wäldern und sorgen unaufhörlich für neue Wohnmöglichkeiten. Haben sie eine Bruthöhle genutzt, bauen sie im nächsten Jahr neu, die alte wird anderen überlassen. Der Ruf der Hohltaube zeigt, dass die Nachmieter bereits da sind.

Voraussetzung für unbeschwertes Wandern im Wald ist die Kenntnis des Weges. Wegweiser sind unentbehrlich (Foto: B. Blahy).

Aus dem Hohlweg heraus zweigt nach wenigen Metern der gekennzeichnete Wanderweg nach links in Richtung

Wanderweg zum Weltnaturerbe (Foto: J. Reich).

Osten ab und führt zunächst zwischen Mischwald und einer Douglasiendickung hindurch. Fast immer kann man in dem Dickicht die Anwesenheitsspuren des Habichts finden. Um in Ruhe die geschlagene Taube zu rupfen, zieht er sich gern ins Halbdunkel zurück und hinterlässt eine oft ansehnliche Federnsammlung. Douglasien inmitten eines Buchenwaldes sind nicht ungewöhnlich in unseren Forsten, denn wegen ihres schnellen Wachstums und des wertvollen Holzes wurden sie gern angepflanzt. Jedoch sind sie Fremde in unseren Wäldern. Sie stammen aus Nordamerika und bieten der heimischen Flora und Fauna kaum Platz. Als Nadelbäume, die im Sommer und im Winter viel Wasser benötigen, um ihren Stoffwechsel zu betreiben, bedeutet dies eine zusätzliche Belastung des Grundwasserhaushalts in dieser ohnehin schon sehr trockenen Region. In der Kernzone des Biosphärenreservates werden sie geduldet, so lange sie leben. Aber die häufigen, oft durch Stürme verursachten Windwürfe zeigen bereits, dass die Natur selbst sie aus der

Die Eiche hat schon mehrere hundert Jahre gesehen, unter ihr liegen die vom Feld gelesenen Steine. Dieses Ensemble kann als Kulturzeugnis gelten und macht vergangenes Wirtschaften fassbar (Foto: E. Henne).

Gemeinschaft der heimischen Baumarten aussortiert. Unter den Buchen findet sich keine einzige junge Douglasie, eine Naturverjüngung findet nicht mehr statt.
Nach kurzem, sanftem Aufstieg öffnet sich der Blick nach rechts auf den Buckowsee. Der Name des Sees ergab sich aus dem Bezug zum Buchenwald, denn Buk ist das slawische Wort für die Buche. Es weist auch auf die frühen Bewohner hin, die, aus Gründen der Sicherheit, mit Vorliebe an oder zwischen zwei Seen oder Mooren siedelten.

Das ganze Jahr über liegt der lang hingestreckte See als stilles Wasser mit geheimnisvollem Dunkel tief eingesenkt in einer Geländefalte. Das gegenüberliegende Ufer steigt steil an und man kann sich gut vorstellen, wie steil sich auch das Ufer in den See absenkt.
Häufig kann man hier die hübschen schwarzweißen Schellenten mit den goldenen Augen entdecken. Sind die Besucher zu laut, fliegen sie mit dem charakteristischen „Schellen“ ihrer Flügel auf. Sie leben bevorzugt auf kleinen, stillen

Waldseen, in deren Umgebung sich die Bruthöhlen für die Jungenaufzucht befinden.

Auf der Nordseite, wo der Wanderweg entlangführt, fällt der Abhang ebenso zum Ufer ab. Da er die meiste Zeit des Tages im Sonnenlicht liegt, bekommt er dadurch nicht nur ein freundliches Gesicht, sondern auch eine besondere Flora. Die attraktivste Charakterart des Hanges ist das Kugelige Weißmoos (*Leucobryum glaucum*). Silbrig hellgrün schimmernd, wenn es trocken ist, liegen die halbkugelförmigen Moospolster zerstreut umher. Wer so ein Polster aufhebt, dem fällt sicher die samtartige Oberfläche auf. Dieses Moos hat es als einziges unserer heimischen Arten zu wirtschaftlicher Bedeutsamkeit gebracht: Es wird kommerziell geerntet und in Gärtnereien und Blumenläden vermarktet. Nicht so das Moos am Buckowsee, das geschützt ist und nur durch gelegentliche Besuche von Wildschweinen gestört wird.

Inzwischen ist überall die voranschreitende Entwicklung in Richtung Naturwald deutlich sichtbar, die der Name des Weges „Urwaldsteig" unterstreicht. Zwei hohe Douglasien, die am Nordhang standen, hat ein Sturm im August 2014 gefällt. Auch eine schlanke Buche hat es getroffen. Die Stämme bleiben liegen, wo sie stürzten. Die Wanderer machen einen kleinen Schlenker, oder besser noch, sie ruhen ein wenig auf der Buche aus und schauen sich um.

Stetig geht es auf diesem Weg voran. Wenn die Buchen noch nicht oder nicht mehr belaubt sind, wird bald die Silhouette des Blocksberges etwas südöstlich des Buckowsees sichtbar. Mit 139 m über dem Meeresspiegel ist er die höchste Erhebung im Biosphärenreservat. Als recht steiler Hügel mitten im Buchenwald zeugt auch er von den enormen Drücken und Kräften, die während der Vereisung die Oberflächen gestaltet haben. Hier waren es zwei Gletscherzungen, die aufeinander zu liefen und ihre Kräfte verstärkten. Dabei entstand ein zusammengestauchter Hügel, der hier im Flachland „Berg" genannt wird.

Ein tief eingesenktes Moor liegt südlich des Weges. Seine Lage verstärkt noch den Eindruck der starken Reliefbewegung. Fällt die Sonne hinein, ist die Pflanzendecke, die sich auf dem nassen Untergrund entwickelt hat, gut zu erkennen. Es sind besondere Pflanzen, die hier wachsen: Torfmoose, Sonnentau, Wollgräser, auch Seggen oder der Sumpfporst stehen ganzjährig im Wasser.

Hochgeklappte Wurzelteller fallen ins Auge, zeigen ihre Unterseite, der einst mächtige Buchenstamm liegt am Boden. Diese ungewöhnliche Lage bietet vielen Arten einen Lebensraum. Die senkrechte Erdwand mit Wurzeln darin ist ein idealer Brutplatz für den Zaunkönig. Aber auch Mäusearten, die in der Höhe leben, freuen sich über so ein Angebot.

Noch immer führt der Weg durch hohen hallenartigen Buchenwald, die Bäume stehen in einigem Abstand zu einander. Gestürzte Altbäume und aufrecht stehende Stammreste fallen hier schon deutlicher auf, und die Gruppen von lebhaft emporschießenden Buchenschösslingen werden dort, wo Licht auf den Boden fällt, schnell größer. Der Wald wandelt sich, beseitigt die Spuren menschlichen Eingriffs und wird vielfältiger, je länger die Entwicklung ungestört voranschreitet.

Kurz bevor der Weg den Wald verlässt, trifft er auf das nördliche Seeufer eines weiteren Gewässers. Der Schwarze See hat deutlich an Oberfläche gewonnen, seit sein künstlicher Abfluss durch die Maßnahmen der Biosphärenreservatsverwaltung verschlossen worden ist. Er nimmt wieder seine ursprüngliche, natürliche Form an und hat dabei etliche Altbuchen miteinbezogen. Sie stehen jetzt im Wasser, und man sieht ihnen bereits an, dass das ihr Lebensende bedeutet. Sie sterben ab und werden, wenn die Zeit gekommen ist, zu Boden stürzen.

Bald wendet sich der Wanderpfad leicht nach Norden. Aus dem Wald heraustretend, nach kurzem Weg entlang einer Feldhecke, kommt der Wanderer nach Louisenhof, einer kleinen Ansiedlung, die seit 1829 zum Vorwerk ausgebaut wurde. Die roten Backsteine, mit denen die Häuser gebaut wurden, erzählen von der frühindustriellen Zeit, als in der Region die Produktion von Ziegelsteinen mit Hilfe der hier vorkommenden Rohstoffe Ton und Sand eine Blüte erlebte. Die kleine Häusergruppe passierend, führt ein Pflasterweg, der von Hecken- und Alleestrukturen begleitet wird, wieder in Richtung Nordwesten zurück nach Altkünkendorf. Die Hecke hat Lücken, durch die immer wieder ein weiter Blick in die verträumte Landschaft möglich ist. Schön gegliedert liegen Feldgehölze und kurze Heckenlängen in den Feldern, hier und da hält ein Feldsoll besondere Lebensräume bereit. Am Wegesrand steht eine Bank. Dort zu sitzen und nur zu schauen, schenkt neben der Ruhe häufig auch die eine oder andere besondere Beobachtung. Etwa führt ein Kranichpaar die Jungen am Waldrand entlang oder der Storch fliegt vorbei oder aber, wenn die Jahreszeit passt, kann der Wanderer dem Tönen von Rotbauchunke und Laubfrosch lauschen. Mitunter gaukelt eine Rohrweihe auf der Jagd vorbei, die in der Großen Wiese von Altkünkendorf ihre Jungen hat.

Der Pflasterweg ist nicht der bequemste Wanderweg, aber er ist es wert, beachtet zu werden. Gut 150 Jahre liegen die Steine da schon, mühsam herbeigetragen und in Monaten schwerer Arbeit sorgfältig verlegt. Noch heute dient er als fester Grund auf lehmigem Boden und trägt auch die modernen Fahrzeuge. Pflaster, von Hand ausgeführt, wird als historisches Kulturgut angesehen und steht im Biosphärenreservat sogar unter gesetzlichem Schutz. Wenn wir die Arbeit der Vorfahren achten und die Entschleunigung schätzen, die so ein Weg fordert, sehen wir das krumme Pflaster mit ganz anderen Augen.

Zurück im Dorf spürt man die Kilometer in den Beinen und kann auf der Gebietskarte, die an der Kreuzung im Ort steht, die Wanderung durch den Grumsin noch einmal nachvollziehen.

Der Grumsin als eine der nutzungsfreien Kernzonen des Biosphärenreservates hat heute keinerlei Eingriffe durch den Menschen zu befürchten und strahlt einen außerordentlichen Zauber aus. Mit seinen grundlosen Erlenbrüchen, unbegehbaren Torfmoosmooren und krummbucklig darin stehenden Kiefern und Birken, denen in so extremem Lebensraum kein langes Bleiben beschieden ist, könnte dieser Ort sinnbildlich für unsere Vorstellung von Wildnis stehen.

Wie unsere Urwälder wirklich ausgesehen haben, hat niemand in Bildern festgehalten. Somit geben nur Pollenanalysen und konservierte Funde in Mooren Auskunft zumindest über das Artenspektrum. Wie europäischer Buchenurwald aussehen könnte, ist noch in den Karpaten der Ukraine, Slowakei oder auch in Rumänien zu sehen, wo sich Reste der ursprünglichen Ausprägung erhalten haben. Ehrfurcht und Staunen erfasst die Menschen, wenn sie in einen solchen Wald treten. Die Vollkommenheit eines über Jahrtausende gut funktionierenden Zusammenspiels von unzähligen Organismen, von denen die Bäume nur die sichtbarsten, größten sind, ist zutiefst beeindruckend. Ohne dass ein menschliches Regulieren, Unterstützen, Wegnehmen und Hinzufügen nötig war, lebt der Urwald in immerwährendem Werden und Vergehen.

Seite 159: Ein nach Wasseranstieg versunkener Erlenbruchwald am Großen Dabersee bietet eine archaische Atmosphäre (Foto: B. Blahy)

Literatur

Begehold, H., Rzanny, M., Flade, M. (2015): Forest development phases as an integrating tool to describe habitat preferences of breeding birds in lowland beech forests. Journal of Ornithology 156: 19–29.

Begehold, H., Rzanny, M. & S. Winter (2016): Patch patterns of lowland beech forests in a gradient of management intensity. Forest Ecology and Management 360: 69–79.

Begehold, H. & H. Schumacher (2017, im Druck): Einfluss unterschiedlicher Bewirtschaftung und unterschiedlicher Dauer von Nutzungsruhe auf die Brutvogelgemeinschaft von Buchenwäldern in Nordostdeutschland. Die Vogelwelt.

Brandenburgisches Landeshauptarchiv Potsdam (o. J.): 1845, Nr. 8864.

Brandenburgisches Landeshauptarchiv Potsdam (o. J.): 1914–24, Nr. 7925.

Brandenburgisches Landeshauptarchiv Potsdam (o. J.): Oberförsterei Grimnitz, Waldstreuverkauf 1811–50, Acta Nr. 75.

Buchholz, E. (1937): Der ehemalige Wildzaun von der Havel bis an die Oder. Zeitschrift für Forst- und Jagdwesen 69 (1): 24–45.

Ciesla, B. & H. Suter (2011): Jagd und Macht. Die Geschichte des Jagdreviers Schorfheide. Be.bra, Berlin.

Ebert, W. & W. Beuster (2000): Steine, die das Eis uns brachte. Entdeckungen entlang der Märkischen Eiszeitstraße 3. Hrsg. v. d. Gesellschaft zur Erforschung und Förderung der Märkischen Eiszeitstraße e. V., Eberswalde.

Enders, L. (1992): Die Uckermark. Verlag Böhlaus Nachfolger, Weimar.

Flade, M. (1994): Die Brutvogelgemeinschaften Mittel- und Norddeutschlands. Grundlagen für den Gebrauch vogelkundlicher Daten in der Landschaftsplanung. IHW-Verlag, Eching.

Flade, M., Möller G. C., Schumacher, H. & S. Winter (2004): Naturschutzstandards für die Bewirtschaftung von Buchenwäldern im nordostdeutschen Tiefland. Der Dauerwald 29: 15–28.

Friedel, A., von Oheimb, G., Dengler, J. & W. Härdtle (2006): Species diversity and species composition of epiphytic bryophytes and lichens – a comparison of managed and unmanaged beech forests in NE Germany. Feddes Repert. 117: 172–185.

Glaser, F. F. & U. Hauke (2004): Historisch alte Waldstandorte und Hudewälder in Deutschland. Angewandte Landschaftsökologie 61: 1–193.

Haila, Y., Hanski, I. K. & S. Raivio (1989): Methodology for studying the minimum habitat requirements of forest birds. Ann Zool Fennici 26: 173–180.

Haila, Y., Nicholls, A. O., Hanski, I. K. & S. Raivio (1996): Stochasticity in bird habitat selection: year-to-year changes in territory locations in a boreal forest bird assemblage. Oikos 76: 536–552.

Hausendorff, E. (1940/41): Aus der Geschichte des Forstamtes Grimnitz. Wirtschaftsgeschichtliche und pflanzensoziologische Untersuchungen als Grundlage für den Waldbau im ostdeutschen Kieferngebiet. Mit einer Darstellung der Geschichte des Forstamtes Grimnitz und seiner Bewirtschaftung seit 1550. Zeitschrift für Forst- und Jagdwesen 72 (1/2): 1–30; 73 (1/2): 1–36; 73 (4/5): 137–159; 73 (6): 169–194; 73 (7/8): 247–264.

Heilmann-Clausen, J. & M. Christensen (2004): Does size matter? On the importance of various dead wood fractions for fungal diversity in Danish beech forests. Forest Ecology and Management 201: 105–119.

Herrigel, D. & J. Groß (2014): Anwendungsmöglichkeiten digitaler historischer Karten in der forstlichen Waldentwicklungsplanung Brandenburgs. Vermessung Brandenburg 1: 22–30.

Hertel, F. (2003): Habitatnutzung und Nahrungserwerb von Buntspecht *Picoides major*, Mittelspecht *Picoides medius* und Kleiber *Sitta europaea* in bewirtschafteten und unbewirtschafteten Buchenwäldern des nordostdeutschen Tieflandes. Vogelwelt 124: 111–132.

Heuer, R. & B. Mätzke (1926): Die Uckermark, ein Heimatbuch. Prenzlau (Reprint 2000).

Heute, F. (2014): Wildmanagement im Biosphärenreservat Schorfheide-Chorin. Studie im Auftrag des LfU, unveröffentlicht.

Janowski, B. (2001): Desertus est. Wüste Kirchen in der Uckermark. In Förderkreis Alte Kirchen Berlin-Brandenburg e.V. (Hrsg.): Offene Kirchen 2001: 42–45.

Knieschke, R. (1935): Unser Angermünder Stadtwald. Angermünder Heimatbücher 7: 1–49.

Lenkungsgruppe der Länder Brandenburg, Hessen, Mecklenburg-Vorpommern und Thüringen (2009): Anmeldung „Alte Buchenwälder Deutschlands" als Erweiterung des Weltnaturerbes Buchenurwälder der Karpaten (Primeval Beech Forests of the Carpathians, ID-Nr. 1133). Nominierungsdossier für die UNESCO zur Eintragung in die Welterbeliste.

Liedtke, H. & J. Marcinek (2002): Physische Geographie Deutschlands. 3. erweiterte und überarbeitete Auflage, Klett-Perthes Verlag.

Luthardt, M. E., Schulz, R. & M. Wulf (2004): Ein Buchenwald im Wandel der Zeit. 300 Jahre Nutzungsgeschichte im Grumsiner Forst. Natur & Text, Rangsdorf.

Mauersberger, R. (2006): Verbreitung und Phänologie des Zweiflecks *Epitheca bimaculata* Charpentier, 1825 (Odonata, Corduliidae) im Norden Brandenburgs. Entomologische Nachrichten und Berichte 50 (1/2): 45–53.

Mauersberger, R. (2009): Nimmt *Leucorrhinia caudalis* im Nordosten Deutschlands rezent zu? Libellula 28 (1/2): 69–84.

Meschede, A. & K.-G. Heller (2000): Ökologie und Schutz von Fledermäusen in Wäldern. Landschaftspfl. Naturschutz 66.

Michas, U. (2003): Die Eroberung und Besiedelung Nordostbrandenburgs. Entdeckungen entlang der Märkischen Eiszeitstraße 7. Hrsg. v. d. Gesellschaft zur Erforschung und Förderung der Märkischen Eiszeitstraße e.V., Eberswalde.

Ministerium für Ländliche Entwicklung, Umwelt und Verbraucherschutz des Landes Brandenburg (MLUV) und Landeskompetenzzentrum Forst Eberswalde (LFE) (Hrsg.) (2005): Die zweite Bundeswaldinventur – BWI^2 – Ergebnisse für Brandenburg und Berlin. Eberswalder Forstliche Schriftenreihe XXII, 124 S.

Möller, G. C. (2005): Habitatstrukturen holzbewohnender Insekten und Pilze. LÖBF-Mitteilungen 3: 30–35.

Moning, C., Bussler, H. & J. Müller (2009): Schlüsselwerte in Bergmischwäldern als Grundlage für eine nachhaltige Forstwirtschaft. Wissenschaftliche Reihe des Nationalparks Bayerischer Wald. Heft 19: 41.

Morgenlaender, J. P. (1780): Forstbeschreibung der Churmark, angefertigt im Jahre 1780. Unveröff. handschriftliches Manuskript. Bibliothek der HNEE, 329 S.

Müller, J., Bußler, H., Bense, U. et al. (2005): Urwald relict species – Saproxylic beetles indicating structural qualities and habitat tradition. Waldökologie online 2: 106–113.

Nippert, E. (1996): Die Uckermark. Zur Geschichte einer deutschen Landschaft. Brandenburgisches Verlagshaus, Berlin.

Pagel, H.-U. (1970): Vegetation, Standort und Ertrag von Buchenwäldern der südlichen Uckermark. Archiv für Forstwesen 19 (1): 43–76.

Redmann, M. & M. Regenstein (2010): Datenspeicher Wald, Version 2. AFZ-Der Wald 13: 10–11.

Rokitte, K. (2012): The development of a near-natural lowland beech forest (*Fagus sylvatica*) – a ten years study. Bachelorarbeit an der Philipps-Universität Marburg, Fachbereich Biologie.

Rösener, W. (1997): Jagd und höfische Kultur im Mittelalter. Vandenhoeck und Ruprecht, Göttingen.

Schäfer, J. & F. Hornschuch (1998): Standort und Vegetation der Wälder, Moore und Sümpfe im Naturschutzgebiet „Grumsiner Forst". Unveröff. Diplomarbeit, Univ. Greifswald, 328 S. + Anlagenband.

Schlaak, N. (1999): Nordostbrandenburg – Entstehungsgeschichte einer Landschaft. Entdeckungen entlang der Märkischen Eiszeitstraße 1. Hrsg. v. d. Gesellschaft zur Erforschung und Förderung der Märkischen Eiszeitstraße e.V., Eberswalde.

Schulz, R. (2000): Jäger und Bauern in der Steinzeit. Entdeckungen entlang der Märkischen Eiszeitstraße 4. Hrsg. v. d. Gesellschaft zur Erforschung und Förderung der Märkischen Eiszeitstraße e.V., Eberswalde.

Schumacher, H. (2005): Zum Einfluss forstlicher Bewirtschaftung auf die Avifauna von Rotbuchenwäldern im nordostdeutschen Tiefland. Dissertation. Georg-August-Universität Göttingen. Cuvillier Verlag, Göttingen, 179 S.

Spieß, H. J. & P. Wernicke (2013): Serrahn – Weltnaturerbe im Müritz-Nationalpark. Natur+Text, Rangsdorf.

United Nations Educational, Scientific and Cultural Organization (2012): Managing Natural World Heritage. – http://www.mekongtourism.org/managing-natural-world-heritage/

Winter, S. (2005): Ermittlung von Struktur-Indikatoren zur Abschätzung des Einflusses forstlicher Bewirtschaftung auf die Biozönosen von Tiefland-Buchenwäldern. Dissertation, Technische Universität Dresden, Fachrichtung Forstwissenschaften, Tharandt.

Winter, S., Flade, M., Schumacher, H. & G. Möller (2003): Sachbericht zum F+E-Vorhaben Biologische Vielfalt und Forstwirtschaft „Naturschutzstandards für die Bewirtschaftung von Buchenwäldern im nordostdeutschen Tiefland". Landesanstalt für Großschutzgebiete Brandenburg, Eberswalde.

Winter, S. & G. Möller (2008): Microhabitats in Lowland Beech Forests as Monitoring Tool for Nature Conservation. Forest Ecology and Management 255: 1251–1261.

Winter, S., Begehold, H., Herrmann, M., Lüderitz, M., Möller, M., Rzanny, G. M. & M. Flade (2015a): Praxishandbuch – Naturschutz im Buchenwald. Naturschutzziele und Bewirtschaftungsempfehlungen für reife Buchenwälder Nordostdeutschlands. Ministerium für Ländliche Entwicklung, Umwelt und Landwirtschaft Brandenburg, Potsdam.

Winter, S., Höfler, J., Michel, A. K., Böck, A. & D. P. Ankerst (2015b): Factors influencing microhabitats in European Beech and Douglas Fir Forests. European Journal of Forest Research 134: 335–347.

Autoren

Heike Begehold
* 1984, Biologie- und Mathematiklehrerin, Hobby-Ornithologin, seit 2011 im Bereich Ökologie/Naturschutz tätig, 2012–2015 wissenschaftliche Mitarbeiterin in einem Forschungs- und Entwicklungsvorhaben des Biosphärenreservates Schorfheide-Chorin zu Naturschutzzielen in Tiefland-Buchenwäldern, in diesem Zusammenhang Promotion zu den Themen Brutvögel und Waldentwicklungsphasen an der TU Dresden.

Beate Blahy
* 1955, Ingenieurin für Veterinärmedizin im Staatlichen Veterinärwesen der DDR in Großtierpraxen im Oderbruch und im Barnim 1977–1990, seit 1991 Arbeit im Biosphärenreservat, Mitarbeiterin der Naturwacht Brandenburg, seit 1994 in der Verwaltung des Biosphärenreservates.

Martin Flade
* 1958, Landschaftsökologe und Landschaftsplaner (TU Berlin), Promotion über Brutvogelgemeinschaften, ab 1992 in der Brandenburger Großschutzgebietsverwaltung für Grundsätze und fachliche Koordinierung verantwortlich, 2013–2015 Leiter des Biosphärenreservats Schorfheide-Chorin, leitete zwei Forschungsvorhaben zu Naturschutzzielen in Tiefland-Buchenwäldern und schlug in diesem Zusammenhang 2007 die Aufnahme des Grumsin in den Nominierungsantrag zum Weltnaturerbe Buchenwälder vor.

Angelika Fuß
* 1973, Diplomgeografin, studierte in Marburg Geografie und Naturschutz, bearbeitete für ÖKO-LOG Freilandforschung im Rahmen der FFH-Managementplanung die Fledermäuse im Biosphärenreservat Schorfheide-Chorin, leitet heute im Landesamt für Umwelt, Naturschutz und Geologie Mecklenburg-Vorpommern das Dezernat Fachgrundlagen des Naturschutzes.

Uwe Graumann
* 1961, diplomierter Landschaftsplaner, seit 1996 als Referent für Gebietsentwicklung in der Verwaltung des Biosphärenreservats Schorfheide-Chorin tätig, seit der Vorbereitung der Antragstellung an der Entwicklung und Begleitung der Welterbestätte mit regionalen Partnern in vielerlei Fragestellungen beteiligt.

Eberhard Henne
* 1943, Studium und Promotion an der Humboldt-Universität Berlin im Fach Veterinärmedizin, 1970–1990 praktizierender Tierarzt im Kreis Angermünde, seit 1965 im Naturschutz engagiert, 1990/91 Umweltdezernent in der Kreisverwaltung Angermünde, September 1991 bis April 2008 Leiter des Biosphärenreservates Schorfheide-Chorin, 1998–1999 Umweltminister des Landes Brandenburg, 2000–2009 Vorstandsvorsitzender von EUROPARC Deutschland und 2008–2011 Vorstandsmitglied der EUROPARC Federation.

Mathias Herrmann
* 1959, Studium der Biologie an den Universitäten Bielefeld und Zürich, Dissertation über den Steinmarder, als Inhaber des Büros ÖKO-LOG Freilandforschung (Parlow) u.a. mit der Erarbeitung der FFH-Managementplanung und der Schalenwild-Managementkonzepte im Biosphärenreservat beauftragt, Sprecher des Bundesfachausschusses Mammalogie des NABU.

Pierre L. Ibisch
* 1967, Professor für Naturschutz am Fachbereich für Wald und Umwelt der Hochschule für nachhaltige Entwicklung Eberswalde, Ko-Direktor des von ihm begründeten Centre for Econics and Ecosystem Management, Außerordentliche Forschungsprofessur für Ökosystembasierte nachhaltige Entwicklung, Arbeitsschwerpunkt im Bereich des internationalen Naturschutzes.

Bernd Klenk
* 1983, studierte Biologe in Erlangen und Potsdam, Diplomarbeit über das Monitoring von Huftieren im Biosphärenreservat Schorfheide-Chorin, seit 2010 Mitarbeiter bei ÖKO-LOG Freilandforschung GbR in Parlow.

Matthias Lüderitz
* 1959, Studium Geologie und Biologie an der Universität Hamburg, 10 Jahre Lehrtätigkeit am Institut für Bodenkunde in Hamburg, seit 1979 Mykologe mit den Forschungsschwerpunkten Mykoökologie, Mykorrhiza und Naturschutz, seit 1991 freiberuflich tätig im Büro für angewandte Mykologie und ökologische Indikation, Mitverfasser der Roten Liste Deutschland und Schleswig-Holstein der Pilze.

Rüdiger Mauersberger
* 1964, Biologiestudium in Leipzig, Promotion über die Seen des Biosphärenreservates an der Universität in Greifswald, leitete als Angestellter des Fördervereins Feldberg-Uckermärkische Seenlandschaft e. V. das BfN-Naturschutzgroßprojekt „Uckermärkische Seen" im gleichnamigen Naturpark, untersucht seit 1992 die Libellenvorkommen im Grumsiner Forst.

Georg Möller
* 1959, studierte Biologie mit dem Schwerpunkt Zoologie an der FU Berlin, ist heute einer der führenden Dendroentomologen Deutschlands, Schwerpunkt seiner Tätigkeit sind Untersuchungen holzbewohnender Käfer und Fragen des Waldnaturschutzes, hat im Rahmen der Buchenwaldprojekte des Biosphärenreservates in den Jahren 2000–2002 und 2013 die Holzinsektenfauna des Grumsin sowie neun weiterer Buchenwaldgebiete Nordostdeutschlands bearbeitet.

Klaus Pape
* 1950 in Potsdam, Studium der Journalistik in Leipzig, Arbeit in verschiedenen Betriebszeitungen, ab 1985 im Dietz Verlag, Berlin, 1991 Weiterbildung zum geprüften PR-Berater der Deutschen Gesellschaft für Public Relations, ab 1993 Mitarbeiter und Sachgebietsleiter für Öffentlichkeitsarbeit und Umweltbildung im Biosphärenreservat Schorfheide-Chorin, Arbeitsschwerpunkte waren u. a. konzeptionelle und praktische Probleme der Bildung für nachhaltige Entwicklung (BNE) im Rahmen der UNESCO-Dekade (2005–2014).

Thomas Schmitt
* 1968, studierte in Saarbrücken und Lissabon (1989–1996), Promotion, Junior-Professur (2003–2009), Universitätsprofessor für Molekulare Biogeographie in Trier (2009–2014), seit 2014 Direktor des Senckenberg Deutschen Entomologischen Instituts in Müncheberg und Universitäts-Professor für Entomologie in Halle.

Roland Schulz
* 1960, Diplom-Forstwirt und Journalist, Buchautor, arbeitet für die Stiftung Naturschutzfonds Brandenburg im Bereich der Öffentlichkeitsarbeit, ehrenamtlich zertifizierter Führer im Grumsin.

Sylvia Stephan
* 1975, Studium der Biologie an der FU Berlin, seit 2005 Mitarbeiterin bei ÖKO-LOG Freilandforschung GbR in Parlow mit dem Schwerpunkt Ökologie der heimischen Fledermäuse.

Marcus Waldherr
* 1979, studierte International Forest Ecosystem Management, B. Sc. und Global Change Management, M. Sc. an der HNE, seit 2012 akademischer Mitarbeiter am Centre for Econics and Ecosystem Management der HNE, koordiniert internationale Naturschutzvorhaben mit Fokus auf die alten Buchenwälder Europas.

Heike Wiedenhöft

* 1966, Biologiestudium in Leipzig, 1996 Promotion über die Seen des Biosphärenreservates Schorfheide-Chorin an der Universität Greifswald, seit 1991 in der Verwaltung des Biosphärenreservates tätig.

Susanne Winter

* 1965, Studium der Forstwirtschaft in München und Göttingen, Promotion (TU Dresden) und Habilitation (TU München) zu ökologischen Fragen des Waldes und naturnaher Waldbewirtschaftung, seit März 2016 Programmleiterin Waldpolitik beim WWF.

Monika Wulf

* 1959, seit 1992 beim Zentrum für Agrarlandschaftsforschung Müncheberg (ZALF) als Biologin im Bereich der Waldökologie tätig, seit 2004 außerplanmäßige Professur an der Universität Potsdam, forscht zur Erklärung von Mustern waldtypischer Pflanzenarten und ihren Veränderungen vor dem Hintergrund der langfristigen Landschafts- und Waldentwicklung.

Abbildungsnachweis

In der Regel werden Bildautoren in der entsprechenden Bildunterschrift genannt. Alle anderen Abbildungsnachweise finden Sie hier:

Titelbild: H. Begehold

Vorsatz linke Seite: J. Kiesel/ZALF, rechte Seite: Nominierungsdossier, Lenkungsgruppe der Länder 2009

Begehold, H.: S. 12, S. 160 oben, S. 160 unten links

Blahy, B.: S. 79 Zunderschwamm (*Fomes fomentarius*)

Pape, K.: S. 2, 15, 142, 148/149

Paulat, M.: S. 160 unten rechts

Reich, J.: S. 4/5, 8, 20–22, 71, 116–118, 138/139, 156, 163

Rümmler, M.: S. 160 unten Mitte

Schmitt, T.: S. 66 Malaise-Falle zum Fang von Fluginsekten am Rande eines Feuchtgebietes im Grumsin

Rücktitel: Foto links: Gestreifter Teuerling (*Cyathus striatus*) und zweites Foto von links: Steinpilz (*Boletus edulis*) B. Blahy; Foto rechts: Ästiger Stachelbart (*Hericium coralloides*), zweites Foto von rechts: Geweihförmige Holzkeule (*Xylaria hypoxylon*) und Hintergrundabbildung H. Begehold

In der Reihe „Alte Buchenwälder Deutschlands" bereits erschienen:

Alte Buchenwälder Deutschlands Band 1

Hans-Jürgen Spieß & Peter Wernicke
Serrahn – Weltnaturerbe im Müritz-Nationalpark
156 S., Hardcover, 24 × 22 cm, vollfarbig und reich bebildert
Natur+Text 2013, ISBN 978-3-942062-07-7, Preis: 24,90 €

Serrahn – Weltnaturerbe im Müritz-Nationalpark

Im Jahre 2011 verlieh die UNESCO den jahrhundertealten Buchenwäldern um Serrahn das Prädikat Weltnaturerbe. Hier stehen mächtige Baumriesen neben jungen, dem Licht entgegenstrebenden Buchen. Gewaltige Stämme liegen am Boden und werden zum Lebensraum einer vielfältigen Artengemeinschaft. Dieser Wald gehört zu den ältesten und größten ungenutzten Wäldern Deutschlands und vermittelt einen Eindruck vom Aussehen der längst vergangenen Urwälder, die einst unser Land bedeckten. Hier leben Tiere, Pflanzen und Pilze, die anderswo sehr selten geworden sind.

Im vorliegenden Buch werden die Entwicklung des Gebietes, die Besonderheiten der Wälder, Moore und Seen sowie die vielfältige Tier- und Pflanzenwelt vorgestellt. Die Autoren waren selbst viele Jahre in Serrahn tätig. Mit interessanten Texten und Ausflugstipps geben sie den Besuchern und Naturfreunden Informationen und Anregungen. Die beeindruckenden Bilder nehmen den Leser mit auf eine Exkursion durch das historische Serrahn, zum morgendlichen Erwachen des Waldes und zur Beobachtung von Tieren und anderen Bewohnern des Nationalparks.

Auch als E-Book!

ISBN ePub 978-3-942062-10-7
Mobipocket 978-3-942062-11-4
Preis: 19,90 €
Download unter www.naturundtext.de

In der Reihe „Alte Buchenwälder Deutschlands" bereits erschienen:

Alte Buchenwälder Deutschlands Band 2

Manfred Großmann, Siegfried Klaus & Thomas Stephan
Nationalpark Hainich – Weltnaturerbe in Thüringen
156 S., Hardcover, 24 × 22 cm, vollfarbig und reich bebildert
Natur+Text 2014, ISBN 978-3-942062-14-5, Preis: 24,90 €

Nationalpark Hainich – Weltnaturerbe in Thüringen

Im Juni 2011 hat das Welterbekomitee der UNESCO auf seiner 35. Sitzung die „Alten Buchenwälder Deutschlands" als Erweiterung der slowakisch-ukrainischen Weltnaturerbestätte „Buchenurwälder der Karpaten" in die Welterbeliste aufgenommen. Unter den fünf deutschen Gebieten ist auch der Nationalpark Hainich. Er hat es in rund 20 Jahren vom militärischen Übungsgebiet zum Welterbe geschafft; eine erstaunliche Entwicklung. Der Hainich, im westthüringischen Berg- und Hügelland gelegen, repräsentiert den arten- und nährstoffreichen Buchenwald der Mittelgebirge auf Kalkgestein. Seine Waldlandschaft wird von zusammenhängenden Buchenwäldern gebildet und zeichnet sich durch reiche Bestände an Frühblühern und einen großen Baumartenreichtum aus. In seinen zentralen Bereichen findet seit rund 50 Jahren keine Nutzung mehr statt. Heute weist der Nationalpark Hainich mit rund 5.000 ha die größte nutzungsfreie Laubwaldfläche Deutschlands auf.
In Bild und Text werden die Schönheit und der Artenreichtum der Hainichwälder erlebbar. Neben den alten Waldteilen, die auf dem Wege zum „Urwald mitten in Deutschland" weit fortgeschritten sind, findet man Jungwälder im Südteil des Hainich und auch noch nicht wieder bewaldete Grasländer. Ausflugstipps und die Beschreibung der neu geschaffenen Bildungs- und Erlebnis-Einrichtungen runden den reich illustrierten Band ab.

Prenzlau / Stettin
Glambeck
Taubenturm
Fahrrad-kirche
Wolletz
Kurklinik
Jagdschloss
Wolletzsee
Welse
Glambecker Mühle
Heiliger See
Angermünder Stadtwald
Parlow / Friedrichswalde
Eichentor
Altkünkendorf
Gutshaus
Imker
Schmargend. Str.
Gr. Wiese
Louisenhof
Joachimsthal
Grumsin
Großer Grumsinsee
Althüttend. Str.
Berliner Berg
Buckowsee
Schanzenberg
Kl. Schwarzer See
Bullen-wiese
Berliner Platz
Berliner Bruch
Gr. Dabersee
UNESCO-Weltnaturerbe Buchenwald Grumsin
Kl. Grumsinsee
Moossee
Albrechtshöhe
Brackensee
Grimnitzsee
Dorfschul-Linde
Neugrimnitz
Gr. Schwarzer See
Kl. Schwarzer See
Schafskäserei
Luisenfelde
Naturbeob.-punkt
Erlebnisort Sperlings-herberge
Schulzen-see
Obstwein-kelterei
Töpferberge
Gr. Kagelpf.
Erlebnisort Ihlowberge
hist. Dampfmühle
Klein Ziethen
Althüttendorf
Kiesgrube Groß-Ziethen
Groß-Ziethen
198
Joachimsthal
Berlin
Chorin
Chorin / Ebe